U0032126

50個居家親子蒙特梭利遊戲

玩出孩子的好品格×競爭力

Donner confiance à son enfant grace à la methode Montessori

希樂薇‧德絲克萊博（Sylvie d'Esclaibes）著
法國蒙特梭利教育訓練專家

賴姵瑜 譯

●製作花束

●蔬果分類

●青蛙的生命周期

新手父母

鈴噹和圓環

清洗蔬菜

〔目錄〕

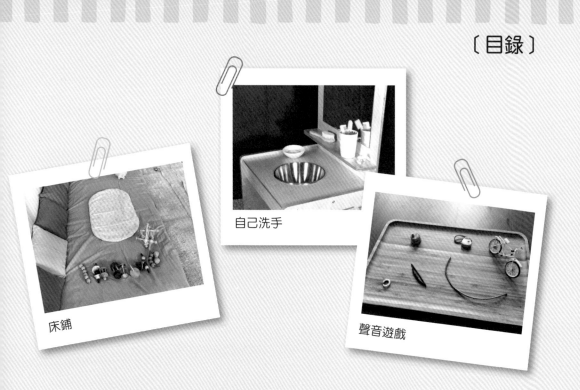

自己洗手

床鋪

聲音遊戲

孩子的生活自理 ------------------- 35
・自行穿衣 ------------------- 35
・刷牙梳洗 ------------------- 36

遊戲 6 《自己洗手》

學習閱讀：重要的自主能力！ ------ 39
・聲音遊戲　　聲音遊戲的幾個點子 ----- 40

遊戲 7 《聲音遊戲》

・字母遊戲 ------------------- 43

環境 ------------------- 43

遊戲 8 《製作花束》

005

PART 2

錯誤檢查

分類練習

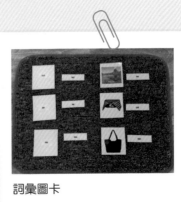

詞彙圖卡

佈置環境

教具擺放

〔目錄〕

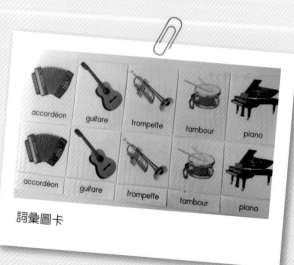

詞彙圖卡

青蛙的生命周期

顏色提示（洲別教學）

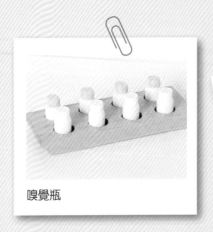
嗅覺瓶

聽覺筒

PART **6**
孩子的
潛能

配對神秘袋

桿棒套環練習

倒水

舀豆練習

音感鐘頭

介紹藝術家

配對圖卡

〔遊戲目錄〕

從幼年開始培養孩子的自信

　　義大利首位女醫生瑪麗亞 · 蒙特梭利（Maria Montessori, 1870-1952）終其一生致力於創建一門真正的教育哲學，她稱之為「科學教育法」，如今，這門教育理念已經隨著她的名字推廣到全世界。

　　蒙特梭利企圖透過該教育法開創一個新世界，她明確指出，唯有教育是通往和平的媒介。我重述她的話：「長久建立和平是教育之務，政治無法避免戰爭（……）。建構和平，持久、確實而穩固的和平……」

　　蒙特梭利教育法的主要目標之一是發展自信，該特質是任何人生幸福快樂的人必定具有的。

　　事實上，人們擁有自信，就能實現目標，勇往直前而無懼失敗。具備自信的人在面對挫敗時，可以處理和超越失敗，甚至化失敗為進步的助力。自信的特質是從幼年出生起一點一滴建立而來，重要關鍵在於生命早期階段的堅實發展。實際上，這份自信可能會遭遇一連串的事件試煉，有時是相當深沉的。它在生命早期階段建立得愈堅實，就愈不容易削弱。

如同蒙特梭利所主張的，依照孩子的需求來打造環境是協助他建立自信的必要之務。適切的環境並非自然而然就存在，而是必須由家中父母、外部照顧孩子的專業人員和學校老師共同營造；並且根據孩子發展的不同階段，環境也需要因應而隨之變化調整。

家中或各種托育機構負責照顧孩子的大人，也是構成環境的一環；所以在與孩子相處時，務必謹言慎行。

由此可知，孩子獲得自信應是優先該關注的面向，而大人的態度能夠發揮莫大助益（反之也可能成為阻礙……）；所以，務必悉心審視可以協助幼兒獲得和鞏固自信的各種安排。身為父母或教育人員，我們都希望孩子們能夠察覺自己的天賦和潛能，懂得運用它們來建立幸福快樂的人生。同時，我們更由衷期盼孩子們勇於開創，相信實踐夢想的可能性。

所有人類進步、重大發明、偉大發現的誕生，皆是源於開創者擁有對於自身潛能的強大信心，彷彿一切事物都無法勸阻他們放棄實踐最瘋狂的夢想。支持人們一直向前邁進、開創非凡事物的首要特質，豈非自信莫屬？

自己動手做的重要性

孩子的自主性要從小培養，這是發展自信的重要一環。

其實，孩子發現自己愈做得來，愈會覺得自己厲害而不再依賴他人。

反之，如果父母樣樣都替孩子做好，孩子將全然依賴父母，並且極度缺乏安全感。只要依賴的人不在，就什麼事也做不了，毫無自信而深感無助。

能憑一己之力成功做好，會讓孩子感到自豪，發展對於自我的美好形象。正如剛會自己走路或穿衣的小娃兒，我們可以看到他眼中流露的喜悅。

自主是人的深層需求。再說，幼兒只能靠自己學會走路、學會說話，別無他法可以幫得了他！

孩子們在一步步成功的過程中，其實是非常快樂、充滿笑容且沉靜的。唯有遭遇挫折無法成功時，才會產生怒氣與苦惱。

父母經常求好心切而過度協助孩子，但是這種做法只會剝奪他們成功的喜悅。實際上，所有人都需要從成功中發展自我的良好形象，進而勇於繼續嘗試。獨自成功完成作業會讓人感受到強烈的喜悅，這對未來新行動的開展將有所幫助。

但是，如果這樣的成功經驗被剝奪，孩子反而會畏畏縮縮、躊

躇不前，因為著手嘗試令他感到害怕。

　　當然，大人務必要仔細觀察自己照顧的孩子，清楚區辨出什麼是他能力可及的事，避免孩子陷入失敗。失敗會讓孩子產生對於自身的不良形象，讓他失去自信及嘗試新事物的勇氣。

　　蒙特梭利教室裡，從小就把重點放在各種所謂的「日常生活」活動，一切安排的目的在於讓孩子能夠自己動手做。一開始練習倒水，再練習使用湯匙，讓他們能夠自己吃飯。接下來是「整理環境」的活動，引領他們維護教室整潔，還有自己整理房間。最後是自理活動，他們從中學習到自行穿衣（鈕扣、拉鍊、鞋帶、腰帶扣等）、洗手、整理儀容、擤鼻涕……

　　此外，還有所謂的「禮儀」練習，讓孩子更自在地融入社會。

吊飾和床掛

　　以下介紹的玩具，從寶寶出生之後便可擺設，你會因此了解到，自主的發展從這一刻就開始。

　　蒙特梭利教育中有四種重要吊飾：

● 哥比漸層球吊飾（le mobile de Gobbi）；

● 穆納里黑白吊飾（le mobile de Munari）；

● 八面體吊飾；

● 舞者吊飾。

▶抓握布球

▼鈴鐺和圓環

同時，我們推薦兩種床掛：鈴鐺和圓環；最後，還有抓握布球。

這些玩具應隨時放置在孩子伸手可及的胸前上方，目的在於讓他盡量從一開始出現非自主的肢體動作，就能觸動玩具，進而（不自覺地）理解到自己有能力讓頭上的玩具動起來。

這樣的話，孩子的非自主肢體動作會漸漸轉化為自主動作。

這些吊飾和玩具沒有可以旋轉的電動裝置，也不會發出音樂。孩子是靠自己成功讓它們動起來，從而發展出自主意識。這種情形從寶寶第 6 ／ 7 週起就可能發生！

因此，寶寶們無需等候爸媽按鈕啟動吊飾，他們在拍打抓握布球或自己觸動鈴鐺而發出聲響時，我們已能看到寶寶的喜悅與微笑。

 **用餐規劃**

孩子 15 個月大起,已經學會走路,雙手運用也較靈活,他熱切盼望參與大人的生活,能夠和大人做同樣的事情時,他會覺得十分開心。

他喜歡與大人一起待在廚房裡,學習如何準備用於沙拉、湯或開胃菜的蔬菜備料等。

托盤

以下介紹幾種實作容易使用的托盤,可置於孩子身高可及的櫃層,讓孩子自由拿取。

同時,請考慮留一處放置與孩子一起烹飪時需要的各種廚具(製作糕點的用具、榨果汁器等)。

因為孩子還小,每個托盤應只限於單一活動。等孩子熟悉該項活動之後,再繼續使用下一托盤。實際上,我們觀察到在蒙特梭利教育中,很重視一次只向孩子介紹單一難題。

托盤活動的示範非常重要。我們總是想辦法把托盤弄得漂漂亮亮,藉以培養孩子的美學品味,增添他對投入活動的興趣。

● 大人的示範必須簡單明瞭，動作簡潔清楚，無須說太多話。孩子沒有辦法同時專注於大人的言語和動作。

● 向孩子示範之前，大人必須自己先試做幾次，確認活動的適切度、托盤的視覺呈現良好，以及孩子作業的可行性。

讓孩子操作活動之前，務必先由大人示範。目的是為了避免孩子遭遇失敗或以錯誤方式進行活動，最終導致成效不佳。

● 示範托盤時，大人必須置身於孩子的慣用手一側，也就是說，孩子是右撇子的話，請置身右側；孩子是左撇子的話，請置身左側（若是慣用手還不明確，請置身右側）。

● 所有的動作都是由左向右❶，目的是為孩子未來的閱讀寫字作準備。這一點很重要，因為這樣可以讓孩子的大腦記住此一感覺（當然，若是用阿拉伯文書寫的家庭，示範的方向得顛倒過來）。

● 以「夾鉗」手勢（大拇指、食指和中指）取物；這樣可以讓孩子的手指變得更靈活，有助於未來拿筆，讓手部的精細動作機能最佳化。孩子以後拿筆時，能以正確良好的姿勢輕鬆握筆，對於習字將大有助益。

---

❶ 註：原作者為法國人，由左向右是西歐語文的書寫習慣。

自主遊戲 ❶

托盤 清洗蔬菜

教具

〔托盤上〕
· 小型蔬菜刷 1 個
· 小黃瓜 數條（或其他蔬果）
· 大碗 1 個
· 抹布 1 個
· 適合孩子高度的洗碗槽，或者有台階可及的洗碗槽 1 個

示範

· 邀請孩子一同到洗碗槽前。
· 先在托盤上準備好蔬菜、碗和刷子。
· 碗中盛半碗水。
· 把黃瓜放入大碗中。
· 用非慣用手拿黃瓜。
· 用慣用手持刷子刷洗黃瓜。
· 讓孩子嘗試。

Tips

　　若是孩子把水灑得到處都是，僅需告訴他：「要把水留在洗碗槽裡頭。」如果他繼續這樣，告訴他現在要關水龍頭。但別生氣，只要態度堅定。

更多資訊

孩子很會清洗香蕉等水果（須洗去農藥）。

自主遊戲 ❷

托盤 蔬菜削皮

教具

〔托盤上〕

- 削皮器（直式削皮器） 1 個
- 黃瓜 1 條（或半條）
- 盛黃瓜的小盤子（削皮前後使用） 1 個
- 盛皮的小碗 1 個
- 小托盤 1 個

> 孩子洗好黃瓜，然後盛盤送到桌上。

示範

- 用非慣用手持直式削皮器。
- 用另一隻手拿著黃瓜。
- 用非慣用手朝向外側削皮，別讓孩子習慣朝往內側削。
- 削下一些皮後，讓孩子接著做。
- 把削下的皮放置碗中。
- 現在盤中的黃瓜已備妥，可以使用波浪紋薯片切片器或適合的刀子切塊。

自主遊戲 ❸

托盤 切蔬菜或水果 這個練習適用於接續左頁的練習。

教具

〔托盤上〕

・尺寸適合孩子、刀緣磨鈍的刀子（足以切葡萄或乳酪片即可）或薯片切片器 1 個

・輕薄木質小砧板 1 個

・紅蘿蔔 1 條（或黃瓜）

・碗 1 個

別讓孩子邊練習邊吃。

示範

・孩子洗好紅蘿蔔後，請他把紅蘿蔔拿到桌上備妥的砧板上。

・把紅蘿蔔放在砧板中央。

・用雙手按壓薯片切片器上方，切下紅蘿蔔。

・切下兩片後，將紅蘿蔔片放入碗中。

・邀請孩子來嘗試。

Tips

等切完整條紅蘿蔔之後，再與孩子一起當點心吃，或者拿來作為食材。對於能夠參與做菜準備工作、認出自己剛切的蔬菜，孩子們會非常開心。

更多資訊

還有其他食材也很適合用於這個托盤，例如：蘋果（預先切成兩半）、芹菜、大顆粒黑葡萄、奇異果（削皮和切塊）、橘子片（用手剝皮和切塊，加入水果沙拉）、香瓜（首先要去皮）、香蕉（先切一刀，再向孩子示範如何用手剝皮）和厚片乳酪。

上餐桌

非常重要的一點是，盡可能讓孩子在身高範圍內，能夠自主取得用餐所需的一切，也就是說，備妥符合孩子身高的桌椅，並將所需餐具放入身高可及的矮櫃或抽屜。

餐具以陶瓷或玻璃製品為佳，避免使用塑膠製品；只要輕盈好拿，易碎無妨。這樣孩子在使用時會更加謹慎；餐具愈漂亮，孩子愈會小心翼翼。

孩子使用適合的矮桌和椅子，坐起來較有安全感，更能專注於自己吃固質食物帶來的新感受。若是坐在高椅上，則會感覺被孤立、被限制，使整個人的身體姿勢怪怪的。符合人體工學的低矮座位，才能讓孩子坐上餐桌時不會有壓迫感。

自主遊戲 ❹

活動 **擺餐桌** 教具應置於孩子身高可及、與用餐處同一空間內的矮櫃。

教具

· 托盤 1 個
· 餐墊 1 個
· 盤子 1 個
· 適合的餐具
· 小杯子 1 個

▶ 蒙特梭利餐墊

· 視情形準備花瓶 1 個，讓孩子放花裝飾桌子
· 蒙特梭利餐墊 1 個，供孩子在活動開始時作為參考

示範

〔第一次示範〕

· 拿取托盤與蒙特梭利餐墊（一開始時）、盤子、餐具、杯子。
· 把托盤放在桌上。
· 取出蒙特梭利餐墊，放置桌上。
· 一一取出餐具，放在蒙特梭利餐墊上。
· 請孩子重擺餐桌。

〔第二次示範〕

· 把蒙特梭利餐墊放在托盤旁。

· 拿取餐墊。

· 一邊看著蒙特梭利餐墊，一邊對照相同位置擺設餐具。

· 請孩子重擺餐桌。

〔第三次示範〕

· 不再使用蒙特梭利餐墊。

· 擺餐桌。

· 與蒙特梭利餐墊比對確認。

· 請孩子著重擺餐桌。

Tips

　　櫃子上可以預放一個小托盤，備有海綿、清潔劑、抹布，讓孩子可以在用餐完畢後清理桌面。

　　還有，可以拿食物屑清潔器（桌上型掃帚）給孩子，供他在用餐後清潔桌墊。

　　此外，冰箱配置的調整也很重要。例如，請在孩子身高可及的層架放置水果、製作三明治的食材備料、塗醬等。兩歲的孩子已經會打開冰箱、取出備菜，或將冷飲倒入小杯子中；再大一點的孩子可以自己倒果汁，自行準備午餐。

自主遊戲 ❺

活動 塗醬 　學會塗醬可以讓孩子具備製作多樣點心的能力，度過愉快的手作時光。

教具

〔托盤上〕

- 塗醬刀 1 把
- 盛裝塗醬材料的小碗或小杯子 1 個
- 塗醬，如乳酪奶油適量
- 小盤子 1 個
- 按壓不會碎裂的硬脆餅乾

準備工作是所有練習的重要關鍵。請將硬脆餅乾放在小砧板上，乳酪奶油盛在小碗中，塗醬刀置於托盤上砧板旁側。

示範

- 邀請孩子與你一同上桌。
- 把托盤放在桌上，坐在孩子的一旁。
- 用慣用手拿塗醬刀。
- 用非慣用手持碗的一側。
- 用塗醬刀沾塗乳酪奶油。

· 把乳酪奶油抹在餅乾的中央。
· 均勻塗抹。
· 讓孩子用另一塊餅乾試試看。
· 把裝盛餅乾的盤子放在小桌巾上。

請與孩子一同享用餅乾。

Tips

　　孩子在準備食物時，重要的是別讓他養成邊做邊吃的習慣，這樣做是為了培養他的秩序感和意志力。畢竟準備點心的工作，顧名思義，就是在準備完畢之後才吃點心。

　　你也可以在練習中加入服務的概念，請孩子端托盤給其他家庭成員看，詢問他們是否想吃餅乾。

其他點子

把杏仁奶油抹在蘋果片上、鷹嘴豆泥抹在雜糧麵包上、果醬塗在貝果上，都是很棒的塗醬活動。

孩子的睡眠安排

床鋪

請特別注意，別讓孩子睡在圍欄式嬰兒床，這會妨礙他自己起床、醒來後去找玩具和自行活動。

發展自主的重要一點是，盡可能讓他從小就睡在鋪地床墊。

當然，剛出生時，為了方便哺乳，可以選擇母子同寢，讓媽媽不會過度勞累，但重要的是，盡早安排寶寶睡在鋪地的日式大床墊。亦

▲床鋪布置

可先有一段時間，將寶寶放在搖籃裡，再置於床墊上。

一旦孩子會自己翻身，就得在床鋪旁邊鋪妥地墊，以防跌落受傷。同時，重要的是，房間地板不適合鋪設地磚，宜採拼裝地板或亞麻地板，比較方便清理。

經由如此安排，孩子就可以掌握自己醒來的時刻。能移動身體之後，他甚至會自己跑到身高可及的櫃架，去找漂亮籃子裡的玩具，或者任意拿書來看，得以自主管理睡眠和起床。

若是置於圍欄式嬰兒床的孩子，醒來時只有一種結果：就是又哭又叫，等著人來拯救他；這樣產生的心理壓力其實頗大！

反之，自行管理睡眠的孩子就比較平靜沉穩。

此外，他對於所處的房間會有全貌認識，有助於培養他的空間感。

我曾建議一名媽媽讓小男孩睡在地板床墊上，以下是她的美好見證：

「自從他睡在地板床墊上，就能睡過夜！十天之後，他就不再凌晨 4 點醒來。早知道的話……我會早早就準備好他的房間。從此他晚上 9 點半睡覺，早上 6、7 點間醒來，就像做夢一般。還有一件事，他從前不會這樣，就是即使醒來，他還是喜歡待在床上。有時候，早上 7 點喝完奶後，他又再度入睡，直到 8 點才醒來，我可以等到 8 點半、8 點 45 分再去找他。我掛了一個吊飾在他的床鋪上方，他經常會盯著看。」

孩子的生活自理

能夠自行梳洗與穿衣，乃是孩子自主發展的重要一環。

自行穿衣

幫寶寶穿衣服時，請維持固定順序，一邊口頭述說正在進行的動作。同時，你可以邀請寶寶配合。

例如，你可以說：「伸出你的左手臂，我來幫你穿上袖子，然後衣服從後面拉過來；伸出你的右手臂，穿上另一邊的袖子；然後幫你的右腳穿上襪子……」

你將會驚訝發現，很快地，寶寶就會配合你的穿衣動作，記住整個流程，從很小就能自行著衣。

同時，為了幫助孩子自主，在他學會走路時，便可將寶寶衣物按照穿衣服的順序放好。這樣做的話，他慢慢會記住順序，然後以同樣的方式來選取衣物。

請盡早備妥一個孩子身高可及的小衣櫥，讓他能夠挑選自己的衣物，脫下衣服也能整理收好。衣櫥內放置的衣服，請由父母悉心篩選，別放太多件。實際上，對於幼兒來說，進行選擇是相當困難的，可能產生全然無益的巨大壓力。此外，事先篩選可以避免親子爭執，因為孩子總是傾向選擇不合宜的衣服！

小衣櫥中可以預先為孩子準備抽屜或盒子，貼上標籤說明裡頭應放置的物品（如內褲、襪子、手套或圍巾等）。

刷牙梳洗

自主照顧自己的能力，同樣也是很基本的。養成這項能力的做法是，請讓孩子能在身高所及之處取得所有刷牙或梳洗需要的東西。

建議你裝設一個符合孩子身高的洗手台，別忘了設置鏡子、可以放置刷牙杯、牙刷、牙膏和梳子的小架台，以及分別掛置手套（有適合幼兒手掌大小的手套）和毛巾的勾架。

洗手台中央放置小洗臉盆，孩子可以拿備用小桶子來盛水。

梳洗完畢之後，孩子能夠自己清掉小洗臉盆中的水。

還有比如說，為了協助孩子盡快自主刷牙，你可以同時在旁邊刷牙，他會跟著模仿學習。你也可以置身後方，握著他的手，矯正他的刷牙姿勢。

沐浴時，請為孩子準備數個小瓶子，尺寸可以帶上飛機的那種小瓶子，裡頭裝入肥皂液和洗髮精。這時候，一樣請孩子共同參與洗澡的過程，盡量讓他負責自己能夠做到的部分。

▲符合孩子身高的洗手台。

自主遊戲 ❻

托盤 自己洗手

教具

〔托盤上〕

· 洗臉盆 1 個
· 置於肥皂盒上的肥皂 1 個
· 指甲刷 1 個
· 海綿 1 個
· 小毛巾 1 條
· 抹布 1 個
· 護手霜 1 瓶
· 裝滿水的水壺 1 個，用於把洗臉盆盛滿水
· 小水桶 1 個，用於清理髒水

示範

· 把托盤拿到鋪著防水桌布的桌子上。
· 把洗臉盆放在桌子中央。
· 按順序把孩子需要的東西擺在防水桌布上：肥皂盒、指甲刷、毛巾、護手霜和海綿。
· 緩緩將水壺裡的水倒入洗臉盆。

‧雙手放入水中充分浸濕。

‧拿肥皂均勻塗抹雙手，再把肥皂放回去。

‧充分搓揉雙手、每隻手指，同時唸出各個手指頭的名稱：「大拇指、
食指……」。

‧拿起指甲刷，示範如何使用。

‧把指甲刷放回去。

‧把手放入洗臉盆，洗去肥皂。

‧用毛巾擦乾雙手。

‧打開護手霜。

‧把護手霜塗抹在手上，加以搓揉。

‧用海綿擦拭防水桌布。

‧在洗臉盆擰乾海綿，再把海綿放在托盤上。

‧把洗臉盆的水全部倒入預先備用的小水桶。

‧把洗臉盆放回托盤上。

‧把每樣東西放回托盤上。

‧如有需要，用抹布擦乾防水桌布和洗臉盆，之後抹布必須晾乾。

‧請孩子隨其意願進行這項活動，次數不限。

學習閱讀：重要的自主能力！

從擁有自我意識起，直到 6 歲左右，孩子同時正在經歷自主敏感期。證據是他總是要求任何事都「自己」來。如果一直得依賴大人唸給他聽四周的事物，又如何能夠生活自主呢？因此，在這個年齡階段，教孩子閱讀是相當重要的。

孩子到處都看得到文字。我們教育人員或父母的角色，便是協助他在生活的世界中盡可能地感到自在。因此，讓他盡早能夠辨讀和理解生活周遭發現的一切，是十分重要的。這包括每日早餐麥片盒上所寫的東西、街頭看板上的文字，乃至父母閱讀的書報，還有他非常愛聽、但爸媽不是一直有空唸給他聽的繪本、故事書。

孩子從 2 歲左右開始玩閱讀遊戲，就會有充分時間愉快地學習，此時他這方面的學習專注力也正值最佳狀態。孩子 6 歲以後則為時已晚，他把閱讀學習當成好玩遊戲的敏感期已經過去，而且不再恢復。

很早就能識別口語和書面文字的孩子，就不必受迫於學校課程的壓力；法國學制要求，孩子必須在小學前一年的預備班學習讀寫，而且全學年結束時要學會讀寫，在這種情況下，學習不再是樂趣，反而是束縛，何況在短短一年之內，還有那麼多其他東西要學習！孩子在敏感期之後才面對強迫識字的學習難題，可能導致學習困難、異常情形、嚴重失去自信，甚至學習失敗。

身為父母的你，可以與孩子一起進行各式各樣的活動，來因應他對學習的渴望。重點是協助他理解：字詞是由聲音組成，聲音會與字母 ❷ 對應。

聲音遊戲 ❸

　　因此，你可以透過大量的聲音遊戲，協助孩子清楚辨識字詞中的聲音。同時切記，閱讀學習在一開始時是相當感官的，因為它涉及到聆聽聲音，再者，0 至 6 歲正是孩子感官發展的高峰期。所以重要的是，找到各種可能的訓練方式，讓孩子的表現愈來愈好。

聲音遊戲的幾個點子

● 「阿寶」這個字的開頭，你聽到什麼聲音？你聽到「ㄚㄚㄚ」。
「媽媽」這個字的開頭，你聽到什麼聲音？你聽到「ㄇㄇㄇ」。
「車子」這個字的開頭，你聽到什麼聲音？你聽到「ㄔㄔㄔ」。
請從簡單的聲音著手，避免一開始使用複雜的聲音❹。

● 你也可以拿三樣小東西，像是袋子、筆、車子，然後向孩子說：「我的小眼睛看到了一個聲音以「ㄔㄔㄔ」開頭的東西，然後由孩子指出車子……」

❷ 註：這裡的字母，係指西歐語文的字母或中文的注音符號。
❸ 註：本節聲音遊戲的範例原文皆以法文舉例，翻譯時已中文化，方便讀者理解與應用。
❹ 註：此處複雜的聲音，原書以法文的 tr, pr, pl, oi 等音組為例。

● 同樣的玩法也適用於動物圖案（譬如：獅子、老虎、猴子），
向孩子說：「我要來拿開頭聲音是『ㄏㄏㄏ』的動物圖案」。
遊戲持續玩到孩子可以自己找到字首的聲音。

● 接下來再進行其他讓孩子們玩得不亦樂乎的遊戲：「告訴我
房間裡哪些東西開頭的聲音是『ㄕㄕㄕ』」、「找找看你的
房間裡什麼玩具是『ㄇㄇㄇ』開頭」等。

一旦孩子能夠區辨字首的聲音，接著可以問他字尾結束聽到的
聲音。

確認孩子能夠聽出字詞裡頭的聲音之後，便可進入學習字母的
階段。

自主遊戲 ❼

活動 聲音遊戲

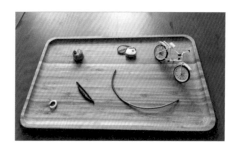

教具

· 盛裝約 6 件小物品的漂亮盒子 1 個:蛋糕、電話、車子、剪刀、髮夾、飛機(或其他方便的小物品)
· 小墊子 1 個

示範

· 找出漂亮盒子,把它放在桌上。
· 把小墊子放在桌上,盒子置於墊子左上方。

· 把物品從左到右擺在墊子上方。
· 確認孩子認識各個物品的名稱。
· 拿起蛋糕,然後說:「我要找一個開頭聲音和『蛋糕』一樣的東西。」
· 把蛋糕置於墊子中央、其他物品的下方。
· 如果孩子拿起電話,告訴他:「對,沒錯,我聽到『電話』的『ㄉㄉㄉ』就和『蛋糕』的『ㄉㄉㄉ』一樣」,然後把電話放在蛋糕右邊。
· 繼續再拿車子等物品。

Tips

同樣的遊戲,可以用來尋找字尾結束的聲音,還有字詞中間聽到的聲音❺。

---

❺ 註:原書以法文的 sac 和 car、bol 和 cor 等字組為例。

字母遊戲

　　接下來可以運用「砂紙字母板（lettres rugueuses）」教具來學習對應聲音的字母，這是蒙特梭利教育的一個重要項目，已經獲得史坦尼斯勒斯 · 狄漢（Stanislas Dehaene）等神經科學家的支持。

　　字母板將砂紙字母貼在小板子上，子音用粉紅色板，母音用藍色板。孩子經由觸摸學習，大腦會記住摸過的字母形狀，完全可以自行學習認識字母。

　　孩子學會對應聲音的字母之後，然後懂得拼字，再來是閱讀。當然，學習速度因孩子而異，切勿忘記的是，學習過程應維持為遊戲的形式，讓孩子樂在其中；給他壓力反而是最糟糕的做法。請信任孩子，持續找出各種吸引他的方法來輔助學習。

 環境

　　孩子 3 歲之後，已經能夠自行打理周遭環境，包括打掃、清除灰塵、清洗桌面、擺放椅子、製作漂亮花束、照顧植物等。

自主遊戲 ❽

活動　製作花束

教具

〔托盤上〕
· 花瓶 1 個
· 水壺 1 個
· 剪刀 1 把
· 小碟子 1 個
· 花 3～5 枝

示範

· 把托盤拿到桌上。
· 提水壺裝水。
· 把水倒入花瓶。
· 拿一枝花，剪去花梗底端。
· 把剪去的部分放入小碟子。
· 把花插入花瓶。
· 請孩子用其他的花，重複相同動作。

Tips

　　如果孩子想要重新整理花束和換水，請再多準備一個清洗花瓶的小刷子。

PART 2

錯誤檢查

何謂錯誤檢查？

　　教具的錯誤檢查機制，原則是看內部是否持續存在讓孩子得以察覺自己練習成功或失誤的方法。

錯誤檢查的好處

　　這項蒙特梭利教育的要素，對於孩子的自信發展來說非常重要，諸多理由如下：

● 孩子的作業或活動不再由大人評斷，而是由他自己。因此，他無須承受大人的眼光，或者時而傷人的社會言語：「你弄錯了」、「這樣不對」等。

● 孩子的創意精神獲得發展，因為他會在思考與嘗試找到其他解決方法的過程中，發現正確答案或成功的好方法。由於逐漸意識到自己有能力找到解答，他的自信又再進一步發展。

● 他在學習方面會非常主動，了解到自己一個人就能學，無須等候大人判斷。他運用難度較高的教具，自己就能取得進步，因為自我修正讓他一直有機會檢視方向是否正確。他在主宰學習的過程當中，自信同時獲得發展。

● 孩子會理解到，犯錯是進步的過程，因而接受自己弄錯。一旦能夠接受自己的錯誤，就不再害怕失敗而勇於嘗試。此時

他會有充分自信嘗試著手新活動，繼續向前邁進。他明白即使自己弄錯，仍有足夠的能力找到解決辦法；又失敗的話，也一直保有自信再重新開始。

● 錯誤檢查也讓孩子完全能夠自行學習，大幅發展其自主性！

● 由於孩子是獨自作業，學習可以按照自己的節奏。他不需要等候大人認可，才能繼續學習；他想慢慢來或需要更多時間記憶時，也無須配合其他人的步調。他不必與他人比較，所以不會失去自信。需要較長學習時間的孩子，也可以慢慢來，最後會發現自己同樣能學得很好。

● 一開始可以先給予明顯提示，然後再慢慢提供較非顯而易見的提示，讓孩子得以漸進學習，不會直接面臨失敗而失去信心；反之，在穩紮穩打的學習過程中，他的自信更獲鞏固。

所有活動都可以在家中或教室裡進行，孩子從小就能著手練習。

大人在規劃活動時，也必須不斷思考所提及的錯誤檢查原則，把這個教具準備方法持續融入孩子的教育。

某一天，有人前來觀察我的班級，且向學生詢問在教室裡設置 Ipad 型控制台的看法，一名在本校就讀多年的學生回答道：「控制台不是好教具，因為那樣我們就不必思考，立刻看到是不是錯了，然後直接去找對的答案；至於蒙特梭利教具，反而可以促使我們思考，由我們自己找到對的答案。」這段話說明一切！

如何落實錯誤檢查

日常生活練習

　　針對小小孩，有所謂的「日常生活」練習，讓孩子在運動機能允許範圍之內，有機會陪伴我們處理日常事務。

　　所有需要將一壺水倒到另一壺，或者使用湯匙、滴管、夾子移物等練習，教具都是放在托盤上。

　　這樣的話，如果孩子倒水灑出壺外，就會落在托盤上，他便能輕易再把灑落的水擦起來。而且孩子下次倒水時，會盡量小心別灑出來。

　　用到液體物質的練習，請在托盤上為孩子準備小型海綿和抹布，用以擦拭灑出來的水（事前請先教導孩子如何擰海綿）。

▲倒水

▲夾子移物

配對

許多練習的設計可以納入配對作業。

譬如聽覺筒、嗅覺筒，還有圖案的配對練習：這時候，請在屬於同一配對的兩個圖案背後，貼上相同顏色的膠紙片。

分類練習

為了增進孩子感官知覺和秩序感的發展，我們在蒙特梭利教育中規劃了許多分類練習：顏色分類、形狀分類、材質分類、聲音分類等。

準備這類活動時，若要把一堆物品分成三、四類，請為各類別備妥數量相同的物品。例如，若要將黃色、紅色和藍色鈕扣進行分類，請準備好數量相同的黃色、紅色和藍色鈕扣。

這樣在視覺上，孩子會看到每個類別的組成數量相同，符合某種形式的錯誤檢查。同一類別的物品或圖案下方，亦可貼上相同顏色的膠紙片。

▲分類

拼圖

製作檢查卡是個好方法,可用一張略厚的紙,上面準確繪出每片拼圖的輪廓。這樣的話,孩子弄混拼圖而不知道要放哪裡時,可以借助檢查卡,視覺上更容易找到每片拼圖的位置。

閱讀與算術

孩子長大,開始做數學運算時,我們會把運算式寫在小卡片上,背面則是解答。這樣的話,孩子完成計算、翻過卡片時,如果發現結果不一樣,就再重算一次,直到解出正確答案。

孩子懂得閱讀時,會知道我們提供的所有練習,都能自行在教室裡找到訂正卡。

▲數學運算小卡

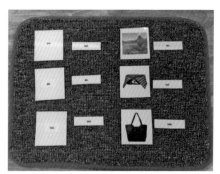

▲詞彙圖卡

科學與藝術

針對科學、地理、藝術等各類相關詞彙的學習，可以為孩子準備所謂的「詞彙圖卡」（les cartes de nomenclature）。

▲詞彙圖卡（音樂）

這裡再度運用了卡片配對：一張卡片放上圖案和該圖的名稱，另一張卡片只放相同的圖案、不放名稱，還有獨立一張標籤，上面只寫名稱。

根據孩子的年齡，按照上述方式製作 6 至 10 多組卡片。

● 孩子先把附有圖案與字詞的卡片，全數從左到右擺放在桌子或地墊上方。

● 然後將未放名稱的圖案卡片配對排好，下面再擺上名稱標籤。

● 他把所有內容認真學習完畢。

● 然後把附有名稱的卡片翻過來。拿起所有的名稱標籤，混合一起，再試著把標籤一一放在正確的圖案下方。

● 完成之後，他可以核對完整卡片，自己進行校正。

● 若是有誤，他會自己發現、自行校正，並可重新再來，直到全部都對為止。

● 這類活動適用於各式各樣的主題。

時間軸

　　針對各種時序相關的學習，例如歷史事件，皆可利用資訊時間軸。

　　時間軸的製作是先將不同時期以適當比例呈現，再放上描繪各個特定時期的插圖或照片。孩子可以靜靜地查看，將影像與特定時期作連結。

　　請為孩子準備第二張時間軸，內容與前一張相同，但是只標記不同的時期。

　　另外再給孩子資訊時間軸上看到的所有圖案或照片。

　　他熟記資訊時間軸的內容之後，就先收起來，取出上面未標註事件的時間軸，把圖案和照片放在正確的位置。

　　完成後再與資訊時間軸相對照，他就能夠自行校正，試圖了解錯誤所在。他可以重頭再次練習，不限次數，直到全部都對為止。

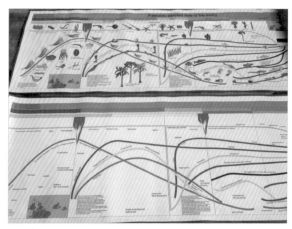

▲時間軸

利用曬衣夾的卡片

這項教具非常適合 3 歲以上的小孩。

例如，製作一張卡片，上面放三顆橡果，卡片下方有三個格子：一格寫4、一格寫3、一格寫2。在寫3的格子背後，貼上一枚膠紙片。給孩子一個曬衣夾，讓他夾在答案格，然後他把卡片翻過來，就能看到曬衣夾是否夾在膠紙片上。這個方法適用於眾多主題的卡片製作：學習字首字母、計數、運算、找出正確的動詞詞尾變化等。

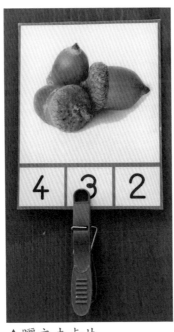

▲曬衣夾卡片

顏色提示

　　錯誤檢查的設計也可以應用於顏色提示，例如地理方面有關洲別與國家的教學。

　　地圖上先將各洲塗上特定顏色，再把所有與某一洲相關的圖案或照片都貼在相同顏色的紙上。

▲顏色提示（洲別教學）

　　接下來可以減少「線索」，紙上只印特定顏色的邊線；然後可以拿掉顏色，僅在照片背後貼上膠紙片。

　　顏色提示適用於眾多題材，除了地理之外，科學領域也適用，諸如動物、植物、樹木等分類。

　　針對草食性動物、肉食性動物和雜食性動物，可以個別選定一個顏色，再根據動物的食性，把動物圖案貼到對應的色紙上。

　　剛開始，孩子會一邊按照圖案的顏色分類，一邊從中學習，記住什麼動物是屬於哪一類。

　　接下來，他可以使用僅有顏色邊線的圖案，這仍然有穩定孩子心理的輔助效果，讓他得以漸進學習。

　　最後給他無顏色提示的圖案進行新遊戲，讓他憑記憶進行分類。錯誤檢查的方式，在於背後貼有相同顏色的膠紙片，讓他一翻卡片，就能看到自己是否正確，如有必要，他會思考錯誤原因，再加改正。

　　運用這個技巧，他也學到如何學習的方法，對於培養自信極有助益！

　　此一方法也適用於文法學習，尤其是字詞詞性的學習。每個詞性可以用特定顏色的幾何圖形來表示。

　　蒙特梭利系統是將動詞以紅色球形代表，名詞為黑色三角形、形容詞為深藍色三角形、限定詞為淺藍色小三角形等。

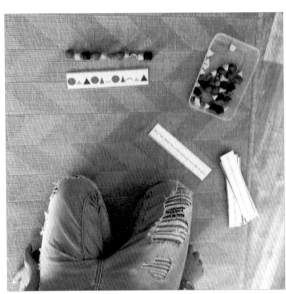

▲顏色提示（文法學習）

　　一開始，先把字詞寫在對應顏色的標籤上，透過具符號意義的顏色，孩子逐漸認識字詞的詞性。這樣的話，他很容易就能融會理解什麼是動詞、名詞、形容詞等。漸漸地，顏色可以拿掉不用，不過，孩子分析紙條上的文句時，仍可在句子背面看到對應的符號。

錯誤檢查有侷限嗎？

當然，有時錯誤檢查是無法做到的，例如字母或數字學習。

在這種情形，教學者必須表現得更寬容，千萬別向孩子說：「你弄錯了」或「這樣不對」。只要重述一次字母或數字名稱，示範給孩子看就好。如果孩子還是弄錯，表示他還沒有準備好，需要等一段時間再向他介紹，或者提供其他教具。

某些大人認為，孩子會試圖作弊看答案。通常，蒙特梭利的孩子，或者按照這種方式學習的幼兒，態度絕非如此。孩子只在害怕失敗或喪失自信的情況下，才會這麼做；即便如此，這依然是一種學習方式，雖然他看答案，但還是試著利用教具來找答案。看答案可以讓他感到安心，同樣能幫助他重拾自信。

PART 3

環境

PART 3
環境

布置環境

　　孩子各個發展階段的環境布置，實為蒙特梭利教育的基本要項。

　　提醒大家一個簡單事實：生命的發展必須要有環境。人與所處環境的關係密不可分。

　　其實，環境布置是家中父母和學校教育人員非常重要的工作，而且是從孩子年幼時就很重要。

　　<u>布置良好的環境可以讓孩子在十分沉穩、無壓力的情緒下成長，這對於自信發展是不可或缺的。</u>

　　寶寶所處的環境必須經過規劃，讓他從生命的頭幾週起就有機會集中注意力。持續的專注力和意志力，正是孩子全面自我建構的核心。因此，打從一開始，就要特別關注這些能力的發展。

　　懂得專注的孩子在生活的許多方面，如學習、認識環境等，都更為輕鬆容易，進而發展出自信。

　　因此，環境的規劃設計，應是以引導寶寶充分發揮能力為目的，但別為了這樣，在他探索的過程中催促他，或者提供他程度不及的東西。

 **秩序的重要性**

蒙特梭利發現，孩子在生命頭幾年（0至6歲之間）會經歷敏感期，也就是說，他在這時候，精神上對於特定事物較感興趣，吸收也較為容易且持久。

此外，如果大人能夠滿足孩子這段特定期間的需求，孩子會感到很安心，進而發展出良好自信，以及對於大人的信賴。

對於秩序的需求，正是幼兒經歷敏感期的一部分。這時候，秩序恰好能夠穩定他的心理，讓他有信心平靜沉穩地建構自我。

譬如，小寶寶應安排固定睡在同一地方，憑著非自主運動和微弱視力，他已經能夠認出環境，一個熟悉的環境可以讓他覺得安心。

反之，如果放他輪流睡在搖籃、父母床鋪、地上，由於缺乏固定定位，反而會讓他非常焦慮。

同時，秩序意味著為孩子一整天安排的各種活動有著固定的例行日程，對於孩子而言，這樣會比言語說明更清楚。

因此，父母應審慎思考如何規劃孩子的日夜生活，避免未來要再修改排定的例行日程。

　　這套例行日程必須包括一整天所有的活動：起床、梳洗、吃飯、外出、獨自玩耍、一起玩耍的時間、聽音樂、講故事、睡覺等。

　　孩子需要充分熟悉事件的先後順序。當他知道午睡之後有聽音樂的安靜時刻，晚餐之後有爸爸或媽媽說故事的時間，自然就會感到安心。

　　如此一來，他便能在所有活動中自由自在地建構自我，總是知道接下來要做什麼事，在平靜沉穩的情緒之下進步成長。

▲為孩子準備好環境

 **生活空間**

要布置孩子成長的空間，例行性與秩序感都是不可或缺的。

例如，他的房間裡應有睡覺、遊戲、哺乳、換尿布等專屬空間。如此一來，孩子將會認識房間各個部分，區辨出自己的所在位置。這樣可以進一步發展他的自信心，因為對於周遭環境的良好認識可以使人安心。

此外，無時無刻都要注意孩子的安全。一旦他開始有移動能力，就得極度注意成長空間的安全問題，務必排除任何有危險或風險的事物。最佳方法是置身如同孩子，從他的視角高度觀看，以確保一切安全。最輕微的意外都可能讓孩子完全失去自信，他的個人與生命安全都是大人的責任。

遊戲區

此區須由大人悉心規劃。

重點是孩子可以在身高所及的置物架上找到盛裝活動教具的籃子或托盤，這些活動教具皆是按照孩子的發展階段和當時需求所準備。提供給孩子的玩具，也都必須方便他自由取用。

　　別放太多活動教具和玩具，請以一貫方式放置在固定地點，讓孩子總是能在料想之處找到它們。如此一來，他便可以輕易依自身需求進行活動。

　　在寶寶的成長過程中，大人應配合其能力發展，在環境中準備新的活動遊戲。因此，大人必須對於孩子的運動機能、感官知覺和手部發展進程，擁有一般性的良好認識，才能不斷為孩子備妥符合需求的活動。

　　大人按照孩子的發展情形，為他悉心安排準備的這些啟發性活動，實有助於孩子獲得強大自信，以及對於照顧者的信賴。原因在於，他會逐漸意識到，大人總是準備好適時向他介紹有益的事物。他也會了解到，提供的活動都是適合他的，可以幫助他發展需要的能力，諸如精細動作、專注力、感官知覺發展、環境認識等，這些對於強化自信與能力都是不可或缺的。

　　請避免向孩子介紹太困難的活動，如果因能力不及而失敗，他可能產生強烈的挫折感，導致一段時間完全失去信心，不再有著手嘗試的意願。

手搖鈴

一開始（約 2、3 個月大左右），無論是家中父母或托嬰中心的專業人員，請準備一個籃子，盛放輕巧易拿的小型手搖鈴。

首先建議選用一款以小型木頭圓柱製作、加上兩顆小鈴鐺在側端的手搖鈴。

另可準備一款利用黑白環扣做成的手搖鈴。這同樣易於持拿，而且孩子搖晃時，會發出輕微響聲。黑白顏色的對比，能讓寶寶看得更清楚。

其他還有多款木製手搖鈴可以選用。

隨著孩子精細動作的發展，適合推薦的手搖鈴就更多樣化，手搖鈴的材質與視覺美感應列入考量要點。

發展孩子能力的同時，要尊重他的成長步調，才有助於自信發展。

可以考慮提供孩子不同材質的手搖鈴，但以非合成材料為宜，如木質、布質（毛料）或金屬。

蒙特梭利教育中，還有一種手搖鈴很重要，就是銀質手搖鈴。它適用的原因很多：

▲銀質搖鈴

◉ 金屬是一種寶寶不太熟悉的材質，觸感和溫度皆異於木頭或毛料，可以讓孩子開發新的感覺體驗。

◉ 金屬冰涼，所以孩子長牙牙齦痛時，觸碰會覺得很舒服。

◉ 孩子可以用多種方式拿這款手搖鈴，易於持拿操作。

◉ 手搖鈴可在地上滾動，吸引孩子移動身體去尋找。

◉ 孩子揮動時會發出聲音，讓他意識到因果關係。這對孩子的信心發展十分重要，因為他從中意識到自己能對東西發生作用。

◉ 孩子能像看鏡子一樣看到自己，讓他意識到自身模樣與自己的獨特存在；同時，他也能看見自己的情緒。

　　最後，為了協助孩子學習左右手傳遞，建議選用雙插片互扣的手搖鈴。左右手傳遞是過渡到其他活動的一項重要能力，此款手搖鈴正是協助寶寶發展這項能力的必備品。

▲不同材質的球

球

　　請準備另一籃子裝盛不同材質的球，這些球也很重要，能夠協助寶寶發展對於不同材質、大小與握姿等感覺。

同時，球也是可以吸引寶寶移動身體去尋找的絕佳利器。

 書

最重要的是，把書放在孩子視線高度看得到的地方，首先請使用黑白書，再用彩色書。書籍擺放的方式，應該要讓孩子能夠清楚看到封面。

注意別放太多書，並且按照孩子的閱讀興趣、季節、生活事件等進行經常性的更換。

投置盒

孩子的手部發展較好、能夠坐穩時，便可準備「投置盒」（imbucare），這是一款蒙特梭利教育的重要教具。

實際上，投置盒可以協助孩子意識到「物體恆存」的概念，也就是說，

▲投置盒

即使物品或人一時看不見，依然始終存在。這個概念至關重要，能夠紓解孩子的心理壓力，有助於發展他的自信。想到看不見媽媽、爸爸，就代表他們完全消失，孩子會有多害怕！直到有一天，他意

識到沒看見人,並非表示不存在,自然就比較安然淡定!

意識到物體恆存,對於孩子的詞彙發展也大有助益,因為他會發現,已認識名稱的物品或東西消失不見時,其實仍然一直存在,而且保留相同的名稱。這會讓他更堅定知道學習周遭所有事物名稱的必要性!

「投置盒」有一系列難度漸進的教具,可以根據孩子的發展情形選用。

拼圖

接下來是拼圖,請先從簡單的入手,再增加複雜度,它有助發展孩子的視覺和精細運動機能(如孩子用握鈕拿拼圖時)。

根據蒙特梭利教育,幾何圖形拼圖不僅能夠發展上述兩項能力,還有助增強語彙能力。

其他玩具

無論是什麼玩具,都要分類整理放在籃子或盒子裡。別一次全部拿出來給孩子玩,應根據孩子的興趣適時變換。

其實,過多的選擇會降低孩子的安全感,不利於自信心的發展。

孩子較大時,遊戲空間可以規劃出農場區、車庫區、娃娃屋區、

城堡區等。每棟建築置於特
定地墊上，上面再放一個籃
子或盒子，裝盛與建築物相
關的配件。重點是，每項活
動都應侷限在房間或托嬰中
心的有限空間。

▲玩具分類

　　同時，可以考慮在地墊
上擺一個專放樂器的籃子，
裡頭放置給寶寶玩的沙鈴、
沙蛋、小鈴鼓和木琴。重要的是，告訴孩子不能帶著樂器在整間房
子跑來跑去。

　　孩子更大時，可以將玩具分門別類，用盒子收納；再在盒子上
貼標籤，註明其內容物。把盒子整理排好，大一點的孩子就能自己
挑玩具。

　　絕對要避免使用把玩具全部丟入、亂成一團的玩具箱！

　　還有，請考慮設置符合孩子高度的桌椅，讓他具備能力時可以
坐著玩。

客廳

　　客廳的規劃，同樣必須考量孩子活動與移動的安全。客廳內可
以設置一個符合孩子身高的置物架，放上幾個為他準備的活動，還

有能讓他在上面玩或看書的地墊、盛裝書籍的籃子或方便閱讀的舒適小椅子。

廚房和浴室

我們已在（自主）一章中提及廚房和浴室的布置（見第 1 章）。

在學校

同樣地，學校環境一切都應井然有序。蒙特梭利幼兒園的教室有多個學習區：

- 日常生活區

- 感官生活區

- 數學區

- 語文區

- 文化區

各區空間都必須完善劃定，教具擺設整齊。

開學之前的教室規劃是很重要的，應作謹慎思考，學年期間就不再調整。原因在於，孩子會從中建立自己的方位感，知道教具可

以在哪裡找到,這讓他能在熟悉的空間裡自由地成長進步。

　　架上教具的擺放,應從左至右、從高至低,按照由易而難的順序排列,讓孩子可以看得到、拿得到。

　　這樣的話,他會自然而然了解到,一項活動學好之後,可以帶著信心嘗試右邊的活動,亦即下一個符合其程度的活動。如此一來,孩子便能自由從容地進行自主學習及發展自信。

▲教具擺放

 分類活動

　　趁著孩子的秩序敏感期，讓他進行這個年紀非常喜愛的分類活動，可以進一步強化他的秩序概念，讓孩子的頭腦更加有條不紊。「腦中井井有條，生活井井有條。」

　　分類活動中，孩子必須根據某些明確的標準排列整理多項物件。

　　從小孩 2 歲起，就可以在置物架上為他準備多個分類托盤。一開始的重點是，只設單一分類標準：如果要按顏色分類，應全部使用類似的形狀；如果要按形狀分類，應使用相同的顏色。

　　實際上，蒙特梭利曾經指出，最重要的是一次只設一道難題，並且把難題獨立出來。這是避免孩子陷入失敗的首要原則，且可幫助孩子發展理性思考。理性思考是發展自信的重要能力，因為它能讓孩子自己思考，找到所有問題的解決方法。

　　分類活動也能大幅強化觀察力、專注力和視覺能力。這些能力對於發展自信都是不可或缺的。

　　此類型的活動適用於各個年齡層的孩子，孩子年齡愈大，分類作業可以愈精細。

環境遊戲 ➊

托盤 鈕扣分類

示範

- 請孩子與你一同進行鈕扣分類活動。
- 拿著托盤坐到桌前。
- 把彩色碟子橫向擺好。
- 把盛裝全部鈕扣的容器放在碟子下方。
- 用「三指鉗」➏夾起一個鈕扣，再按顏色放入正確的碟子。
- 以相同方式拿起另一個鈕扣，放入正確顏色的碟子。
- 請孩子獨自繼續進行活動，讓他動手做。
- 所有鈕扣都放入碟子時，給孩子看一下，現在主容器是空的。這點很重要，不必說話就能讓他理解，容器空了，活動就結束。
- 把所有小碟子內的鈕扣倒回主容器，讓下一個孩子可以看到托盤的原始狀態。

教具

〔托盤上〕
- 容器 1 個，裡頭盛裝形狀、紋樣等完全相同，僅顏色不同的鈕扣：黃色鈕扣 5 個、紅色鈕扣 5 個、藍色鈕扣 5 個
- 小碟子 3 個：黃色 1 個、紅色 1 個、藍色 1 個

➏ 註：由大拇指、食指和中指形成的夾鉗手勢。

· 告訴孩子可以隨其意願進行這項活動，次數不限。

〔變化版〕

· 如果沒有彩色碟子，可以使用白色碟子，在底部貼上鈕扣顏色的膠紙片。

· 如果沒有膠紙片，可以使用白色碟子，並於準備活動時，在每個碟子底部放置其中一個顏色的鈕扣。

· 接下來，可以選用顏色相同、形狀不同的鈕扣。這活動就在每個碟子底部放置其中一個形狀的鈕扣。

重要事項

要分類的各個類別中，請放入數量相同的物品。這是某種形式的錯誤檢查。

Tips

分類托盤可以根據季節作變化：

● 秋天：榛果、核桃、栗子分類。

● 冬天：不同尺寸的雪片模型、不同顏色的聖誕彩球分類。

● 春天：形狀相同、顏色不同的花朵（鬱金香）分類、復活節相關物品分類……

● 夏天：貝殼分類。

科學領域，亦可進行多樣的分類活動。

環境遊戲 ❷

托盤 蔬果分類　請為小朋友準備蔬果模型。

教具

〔托盤上〕
- 主容器 1 個，裡頭盛裝水果 6 個、蔬菜 6 個
- 小碟子 2 個

示範

- 請孩子與你一同進行蔬果分類活動。
- 拿托盤放到桌子上。
- 把大容器放在上方。
- 下面橫向擺放其他兩個碟子。
- 詢問孩子是否知道大容器內每樣東西的名稱（請事先向孩子說明水果與蔬菜的不同）。
- 告訴孩子：「現在，我們要來分類，把水果放進這個碟子，把蔬菜放進另一個碟子。」

- 拿一樣東西，問他這是什麼：「這是香蕉。」然後說明：「香蕉是水果，所以要放在這個碟子。」
- 再拿另一物品，問他相同的問題：「這是紅蘿蔔。」然後補充道：「紅蘿蔔是蔬菜，所以我把它放在這個碟子。」
- 請他獨自繼續進行。
- 最後，每個碟子應裝盛相同數量的東西。可在水果、蔬菜和對應的碟子下方貼上膠紙片，讓孩子自己檢查確認。
- 接下來，把所有蔬果放回中央容器。
- 請孩子隨其意願重新進行活動，次數不限。

環境遊戲 ❸

托盤 **圖案分類** 接下來可以用圖案進行相同分類，請在圖案背後貼上膠紙片，以利錯誤檢查。

教具

- 籃子 1 個或盒子 1 個
- 水果圖案 6 個
- 蔬菜圖案 6 個
- 標籤 1 個，上面寫著（水果），再附上水果圖案，讓不識字的孩子也看得懂，並在背面貼上色膠紙片
- 標籤 1 個，上面寫著（蔬菜），再附上蔬菜圖案，讓不識字的孩子也看得懂，並在背面貼上色膠紙片

示範

- 請孩子與你一同進行圖案分類活動。
- 與你一起把籃子或盒子放到桌上或地墊上。
- 拿起上面寫著（水果）的標籤。

- 告訴孩子：「這標籤寫著（水果），我們把它擺在上面，所有水果圖案都要放在標籤下方。」
- 拿起上面寫著（蔬菜）的標籤。
- 告訴孩子：「這標籤寫著（蔬菜），我們把它擺在上面，所有蔬菜圖案都要放在標籤下方。」
- 拿起一張圖卡，問孩子這是什麼，然後問他認為這是水果或蔬菜。
- 根據他的回答，把圖卡放在對應的標籤卡下方。
- 練習結束時，請孩子把卡片翻過來作錯誤檢查。

Tips

分類練習還有很多種，可建議的有：

- 家畜／野生動物；
- 農場動物／草原動物；
- 爬蟲類動物／兩棲類動物；
- 雄性動物／雌性動物；
- 魚類動物／哺乳類動物等。

PART **4**

大人的角色

PART 4

大人的角色

榜樣

孩子是透過觀察周遭發生的事物來學習;因此,教育人員是他的榜樣,孩子會複製其形象。別忘了,每個人都需要典範來建構自我。

大腦「鏡像神經元」的發現,更是有力支持大人為孩子榜樣的概念。

大人是孩子周遭環境的一部分,因此必須格外注意行為舉止、性格脾氣、傳達的情緒、與孩子溝通的方式,以及一般性的生活態度。

如果大人每日的生活都有條不紊,就能讓孩子從他的思維與行動中體驗到紀律。簡單來說,孩子可以看見大人的心理秩序,進而加以模仿學習。

蒙特梭利曾說,大人的角色是引領孩子逐漸進入以秩序與限制為基礎而建立的世界,同時要落實以下原則:

● 做好準備的大人

● 做好準備的環境

● 負有責任的自由

秩序和例行日程

如同（環境）一章中所述，大人將例行日程固定化，是孩子理解接下來要做什麼的重要關鍵。他還沒有能力理解例行日程中的變動，以及出現變動的原因，變動只會讓他處於壓力狀態。

因此，對他而言，大人設定的例行日程和儀式就變得非常重要。孩子 0 至 3 歲時，例行日程與儀式愈固定，他會愈輕鬆自在，每日有著和諧一致的步調。

讓孩子知道接下來會發生什麼事是很重要的，這可以大大幫助他在這個世界裡建立信心、擁有充分的安全感，進而發展自信。

準備環境的重要性

蒙特梭利認為，我們能夠影響孩子的主要行動，乃是透過為他規劃準備的環境落實完成。這種情形下，環境在孩子發展自信的過程中扮演了重要角色。

因此，大人應準備融入錯誤檢查機制的教具，理由已在相關章節提及；為各年齡層的孩子準備或選用教具時，也必須十分審慎。

大人應提供孩子一個能夠在規劃下進行豐富感官體驗的環境。蒙特梭利教室的情形正是如此，教具的設計旨在協助孩子進行感官知覺的探索。

PART 4

大人的
角色

　　藉由蒙特梭利教具，孩子的感官知覺變得更敏銳，讓他能夠更細膩地探索環境、理解環境，找到自己的位置，進而發展自信。因此，大人要鼓勵孩子多探索，尤其應避免介入干涉。

　　同時，大人為孩子準備教具時，需要特別用心。例如，準備給孩子的日常生活托盤也要兼顧美感，從小培養孩子的品味。

　　示範教具之前，大人要先自己練習，確認活動是否可行。例如，設計了一個用湯匙倒豆子的練習，便要仔細確認，豆子全都能用湯匙舀起來。

　　如果準備的是夾子練習，同樣必須親自試試看，確認孩子小手的力氣能夠操作夾子。

▲舀豆練習

大人的角色 ❶

托盤 夾豆練習

教具

〔托盤上〕
· 盛裝豆子的容器 1 個（請根據孩子的手部發展，選用大顆粒鷹嘴豆或小顆粒如扁豆）
· 一模一樣的空容器 1 個
· 夾子 1 支

示範

· 邀請孩子與你一同進行移豆活動。
· 找出架上的托盤，把它放到桌上。
· 把盛裝豆子的容器放在左邊，讓練習動作是由左向右，為未來的書寫和閱讀習慣預作準備。
· 示範用三指鉗拿用具。
· 夾起一顆豆子，慢慢放入空容器。
· 持續這個動作，直到所有豆子都移過去。
· 在活動過程中，你也可以詢問孩子是否願意由他接下去做。
· 把托盤重新整理放好，或者反方向再做練習，讓教具回復原始狀態。

活動，真正應有的心態

所有活動都必須經過充分思考、悉心架構（維持一貫的呈現方式），協助孩子提升邏輯思考和組織能力，意識到自身行動帶來的結果。

實作教具應為孩子作調整，盡量輕盈小巧，讓活動更為可行。

大人規劃托盤時，需要仔細擬定和思考活動的每個細節，以重複活動多次的方式，為孩子建立一套完整練習。

孩子還小的時候，最好介紹一項活動，可以持續練習數個星期，直到活動充分熟稔為止。如果大人發現孩子進行活動的方式不正確，就必須更換活動。

活動應隨著孩子的成長進步，逐漸提升難度。

大人要用心仔細地準備示範工作，避免孩子用不適宜的方式進行活動。

示範動作必須慢慢來、有條不紊，每個步驟完成之後都暫停一下。孩子會想模仿，但還沒有完全準備好，因此需要反覆練習、加以熟悉。

因此，重要的是，請持續用固定方式、固定順序進行示範，這樣能夠幫助孩子記憶。示範完畢之後，就輪到孩子，由你邀請孩子來進行活動。這時候，要觀察他是否做得正確，必要時予以協助。

請記住，比起目的，孩子對於過程更感興趣。

如果對孩子來說活動太難，請不動聲色地抽掉活動，告訴他以後會再拿出來練習。注意千萬別讓孩子感到難堪，那樣會嚴重傷害他的自信！

大人應有心理準備，孩子的活動練習可能需要進行多次。充分的耐心是不可或缺的。請別催促孩子，學著只給他需要的協助，然後放手讓他按照自己的步調練習改善。

無論是與幾歲的孩子練習活動，心態是成功的關鍵。千萬別表現出厭倦與不耐！請總是帶著喜悅與熱情來進行。

陪同孩子進行活動時，必須是百分之百的陪伴，不要想在同時做許多事情。

別說太多話。勿在孩子動作時出言稱讚，因為他的專注力還不強，受到干擾之後會很難再重新繼續動作。即使是鼓勵的話語，也可能讓他注意力轉向大人而分心！

最後請注意，幼兒還不懂得表達自己累了、覺得煩了，或者再也無法專心：大人必須仔細留意相關跡象，適時提出延後活動的建議。

PART 4
大人的角色

無時無刻的關注

聆聽

照顧孩子的大人，態度至為重要：他必須對每個人保持微笑、說鼓勵的話。

在教室裡，他必須關注每個孩子，看出誰遭遇失敗、誰保持靜默，再慢慢接近那孩子，向他建議合適的練習作業，示範教具如何操作。

在教室裡，大人還要追蹤每個孩子，了解他的進度和需求，在孩子有需要時陪在身旁。

教育人員不應中途打斷活動，讓孩子能夠發展自身的內在潛質。當然，教育人員更要確保不會扼殺或貶損孩子的特質。

大人不應任意強迫孩子做事情。他必須尊重孩子，因為孩子知道什麼對自己好。

　　同樣重要的一點是，大人應意識到每個孩子都不一樣，千萬別拿兄弟姊妹或班上同學來相比較。每個孩子有自己的發展進程，雖然大方向是一致的，但次序可能不盡相同。例如，一個寶寶可能把全部精力投注在運動機能的發展上，另一個則投注在事物觀察上。務必要尊重這些差異，欣然接受孩子自身的特質。若是強迫孩子進行不適宜的學習，將會讓他對自己的能力失去信心。

　　因此，大人首先是一名觀察者，必須不帶偏見、完全客觀，沒有預設觀點。蒙特梭利曾經說過，大人必須摒除自身偏見與見識，充分準備好聆聽和觀察孩子。

　　大人與孩子相處時，主要角色是當一名恰如其分的觀察者，隨時預備好按照孩子的發展階段來準備環境。

　　這項工作可以使用，如下頁圖孩子進度追蹤表單作為輔助。

PART**4**

大人的
角色

孩子進度追蹤表單

雅典娜蒙特梭利學校　2015/2016 學年
孩子姓名：

日常生活	第 1 次日期	習得	第 2 次日期	備註
1 - 打招呼				
2 - 給人東西				
3 - 告知東西沒有了				
4 - 知道如何求助				
5 - 繞過他人使用中的地墊				
6 - 搬自己的椅子				
7 - 搬桌子				
8 - 把椅子收在桌子下				
9 - 拿板子／籃子				
10 - 清除灰塵				
11 - 打掃				
12 - 把地墊捲起來和攤開				
13 - 刷地墊				
14 - 開關房門				
15 - 開關窗戶				
16 - 開關抽屜				
17 - 擰海綿				
18 - 拴緊和拴開螺絲				

日常生活	第 1 次日期	習得	第 2 次日期	備註
19 - 開關掛鎖				
20 - 打開和夾上曬衣夾				
21 - 開關瓶子				
22 - 開關盒子				
23 - 摺布				
24 - 摺紙				
25 - 剪紙				
26 - 從一容器倒到另一容器				
27 - 倒米、倒沙、倒水				
28 - 擦亮銅器				
29 - 把鏡子擦乾淨				
30 - 清洗桌面				
31 - 洗衣服				
32 - 花瓶換水				
33 - 照顧植物				
34 - 洗手				
35 - 擦鞋油				
36 - 縫工				

權威

　　希望發展孩子自信的教育法或教育模式中，任何處罰都是被禁止的。實際上，蒙特梭利曾經說過，孩子們有很強烈的自尊心，大人未加注意的話，他們的心靈可能會承受想像不到的傷害。

　　孩子的自尊心，應是孩子照顧者養成教育的一項指導原則。

　　大人必須設定道德規矩，讓孩子在框架之內自由地成長進步。無論任何領域，直到孩子把規矩內在化、能夠控制自己的行動之前，外在限制都有其必要。

　　對於孩子來說，自我教育是相當漫長的過程。因此，父母們必須留意，別因自己缺乏信念、態度不堅定，就讓孩子的學習開倒車。說「不」的意思就是「不」，而非意味著：「再繼續吵下去，我可能就會退讓。」或「大聲哭、亂打人、鬧脾氣、摔破東西，我就會給你想要的。」

　　這方面與其他領域一樣，父母必須思考和規劃對於孩子的限制。

　　有時候，有人認為孩子正處於成天說「不要」的叛逆期，但其實只是因為環境沒有經過妥善規劃，導致父母得不停向孩子喊道：「不要碰」、「不准拿」、「不可以這樣」等。

　　如果孩子面對的限制是經由大人睿智思考之後訂下，孩子會知道這些規矩是可以依循的，從而發展自信。

信任

　　大人應該要讓身旁孩子感受到他的充分信任，因為孩子會沉浸在信任感中而更加勇敢。如果環境經過妥善適切的準備，孩子便能成功，繼續自由地建構自我。

　　蒙特梭利也曾說過，大人真正的教育應該是把孩子的潛能完全激發出來，而非不管孩子願意與否，硬把知識強塞給他。所以，大人的角色應是啟發者，而非扼殺者。

建議遵循的準則

簡言之，希望發展孩子自信的照顧者，應遵循以下幾個重要準則：

◉ 審慎關照環境：亮度、秩序、整潔等；

◉ 引領孩子接觸所處環境，然後退居一旁；

◉ 觀察孩子，注意他的需求；

◉ 聆聽孩子，迅速回應他的呼喚；

◉ 尊重孩子自行作業，勿從中打斷；

◉ 以尊重的態度給予糾正；

◉ 持續建議新工作；

◉ 在課堂上或家中保持沉靜、溫和、親切；

◉ 孩子需要時就在身旁，孩子找到方向時懂得隱身不現。

避免壓力

不當壓力會妨礙自信發展,所以當孩子正值自我建構期時,大人務必要為他排除任何形成壓力的因素。

因此,從孩子出生起,務必回應寶寶所有的需求,尤其別放任他哭泣。

實際上,小寶寶的大腦還沒有控制情緒的能力;因此,放任他哭泣只會讓他處於極度壓力。

反之,撫摸、安慰、像媽媽一般哄孩子,都能大大幫助孩子發展控制情緒的必要能力,讓他更有自信。

為了減少孩子的壓力和罪惡感,大人別把私人問題帶到學校是很重要的。

我個人常有這樣的經驗。當我內心有些煩惱,每次都有比較敏感的孩子跑來對我說:「希樂薇,今天怎麼了?妳和平常不太一樣。」或者如果我稍微生氣,「希樂薇,妳今天很不耐煩,對我們說話的口氣也不像平時。」此時,由於孩子受到大人干擾而感覺不安,所以沒辦法專注於自我建構。

當然,我們偶爾會遇到這樣的狀況,但重要的是,請向孩子說明解釋,千萬別讓孩子認為是自己的錯,讓他能夠重回作業。唯有如此,因為我們精神狀態不佳而會感到自責的孩子才能平靜地重拾活動。

注意言詞

安全措施再怎麼完善，我們也無法完全避免孩子發生碰撞或摔倒的情形。不過，為了別讓孩子失去自信，繼續勇於「征服世界」，我們對於這些小型意外的反應便極為重要。

看到孩子跌倒時，自然反應一定是趕快過去，迅速將他從地上扶起來，再抱入懷中。同時，我們所說的話對孩子也有很重要的影響。

當然，視摔倒的嚴重程度，最好先給孩子一點時間回過神來：孩子需要理解剛才究竟發生了什麼事。接下來，請平靜地朝他走過去，蹲在他的高度，用言語安慰他，或者坐下來溫柔撫抱他。如果孩子十分驚慌，最好讓他坐在膝上。大多數的情形是，孩子很快就能安撫下來，繼續原本正在進行的活動。

很重要的一點是，請以冷靜、體諒的態度認真處理孩子的傷勢，表現出你對他的關心⋯⋯但別過度誇張。

這類情境下，使用的語言相當重要。

只說「噢，我的小寶貝！」雖然不太有效益，但這樣不帶批評的一句話，很容易用平靜柔和的口吻說出來，再加上溫暖安撫，通常都能奏效。

「哇！你剛才整個人摔下來！」這類話語適合向攀爬時跌落的孩子說。此時請保持冷靜，安撫你的孩子。別問他是否平安無事，因為該年紀的孩子通常還太小，無法說明這類情形。

「一定很痛吧！」這類語句適合在重重摔跤時說。請先同樣好好安撫他，直到他決定把你推開為止。請蹲低身子到他身旁，別一勁把孩子拉進懷裡。

反之，絕對要避免這類語句：

● 「噢，沒事！你好好的，別哭！」（╳）

● 「別哭，大男生不哭的！」（╳）

● 「你哥哥騎腳踏車跌倒也沒哭！」（╳）

發展責任心

要發展自信，有一點也很重要，請從孩子有能力承擔責任起就賦予責任。這可以從很簡單的工作著手，例如自己洗澡、整理衣物、把髒衣服放進籃子裡、整理玩具等。然後，隨著孩子長大，可以給他更多的工作。負責任會給孩子信心，當然，這要按照孩子的年齡與發展作調整。

在蒙特梭利幼兒園的教室裡，學生會從老師訂定的項目中選擇要負責的事項，例如：

● 整理鞋子

● 整理外套

● 整理教室

- 點名

- 植物澆水

- 照顧動物

- 整理椅子

- 敲響鐘宣布集合

- 教室太吵時，敲響鐘或用其他工具提醒……

自由

　　幼兒需要自由，才能良好建構自我，從而發展成為快樂大人所不可或缺的自信。

　　但請注意，如同蒙特梭利所言：「然而，我們必須非常清楚自由的意涵。自由的意思並非完全為所欲為，它真正的意思是，無需依賴他人的直接協助，就有能力滿足自身的必要需求。」

　　蒙特梭利觀察到，所有的孩子天生就有內在紀律，只要大人提供適當方法，內在紀律就會自行充分發展。因此，大人應從旁協助，讓孩子能夠激發內在紀律，靜候從中而來的自由。

　　擁有行動自由、活動自由，孩子才能活出自我，獲得真正的自信。

「自由」不是代表「一切放任縱容」：規範之內，自由才可能存在；規範的設定，則是大人的責任。

大人做好準備的環境有助於孩子發展自我；讓孩子能夠自由移動、自由進行活動等的一切措施，都務必落實備妥。

不過，孩子沒有權利胡亂操作提供給他的教具：他使用教具不得偏離原有目標。

因此，孩子操作備妥的托盤之前，務必先看過正確示範。只要活動未經示範，就不應該放在他的層架上。

同樣地，如果大人認為實行活動的最佳場所是在桌前或地墊，孩子就不得在其他地方進行作業。他不能帶著托盤，任意走到他想去的地方。

還有，一旦孩子做得到，務必請孩子自己整理玩具、書、活動等。當然，一開始由大人陪伴整理，才不會太困難，但慢慢地，請讓孩子自己整理用過的東西。

同樣重要的是，要讓孩子知道，用餐只能在某些地方、吃東西要坐在桌前。遵守這些事情（什麼？何時？哪裡？）會讓孩子有依循的架構，且有機會理解限制與紀律。

透過這樣的方式，孩子可以在照顧者大人設定的框架之內，充分運用他的自由。

「在蒙特梭利氛圍之下，孩子享有自由，所以有充分機會反省自身行為，思考行為帶給自己與他人的影響後果。他會面臨現實的限制。有機會進一步認識自己，正是蒙特梭利教室裡給予孩子自由的最重要成果。」（蒙特梭利）

因此，自由必須存在，但有其限制：

● 孩子有行動自由：自由行動是允許的，只要不會打擾其他孩子。

● 孩子有說話的自由，只要他不會影響別人專心，而且他的說話對象願意聆聽。

● 孩子有吃喝東西的自由，但要向他說明，所準備的食物是要分給大家的，他可以吃他的部分，但不能吃同學的。

● 孩子有不作練習的自由，他可以自由坐著，什麼事也不做，只要別打擾其他人作業。他可以在教室內移動，但還是不能打擾到同學。

● 孩子有外出的自由：為了做到這點，大人必須先準備一個室外空間，盡量能吸引孩子且顧及安全。孩子必須能夠在這裡觀察大自然、照顧大自然，甚至完成一項工作（如照顧動物）。因此，做好室外環境的準備，就完全可能實現這項自由。

● 孩子有選擇活動的自由，並且可以重複進行，不限次數：
關於這點，大人必須規劃好教具的擺放位置，讓孩子取得容
易。他也必須知道教具的使用情形。假使班上每套教具只有
一件，選擇活動的自由就會面臨第一個限制。因為若是已經
有另一人使用活動，孩子就不能拿，必須等候輪到他。第二
個限制是孩子不得毀損教具和弄丟零件。一旦選定活動，孩
子可以使用一整個早上，甚至想要每天使用都可以。唯一的
限制是，他必須妥善使用，不要打擾其他孩子。

● 孩子可以自由選擇活動，但選定後就必須正確進行活動，直
到完成為止，再把教具歸回原位。

● 如果孩子選擇在地上作業，須在地墊上進行，對他的自由同
樣有所限制。他在地墊上進行活動時，其他孩子不得干涉。
同理，孩子自己不能介入其他孩子在地墊上進行的活動。

「孩子教導我們：自由與紀律總是並行共存，它們是一體的兩
面，缺少紀律，自由就不完美。意志與服從相伴而生，先有意志出
現，然後服從奠基其上。真正的服從源自選擇，而非強迫，所以自
由是必要的；要了解自我意志所在，自由更是不可或缺。」（蒙特
梭利）

PART 5

對世界的認識

PART 5
對世界的認識

 探索世界，找到自己的位置

一門重要的學習

　　蒙特梭利曾明言，讓孩子盡可能認識生活其中的世界是必要的。原因在於，我們經常會害怕未知事物而出現排斥、不耐、喪失自信的反應。

　　反之，孩子愈認識周遭的世界、歷史，他會愈有自信、愈順利找到自己的位置。

　　關於這方面，很有趣的是，其實寶寶還在媽媽肚子裡的時候，就開始「學著認識」周遭世界。

　　實際上，研究發現，味道與氣味會經由羊水傳遞。因此，寶寶出生之前，某些母親所處文化的特質就會傳遞給寶寶。

　　後來，等孩子到了理解事物的年紀，應教導他歷史、世界的起源、曾經發生的種種演替。這樣會教他懂得尊重居住的地球、既有一切、祖先前人；而且由於更了解所處之地，能幫助他找到自身的時空定位，進而發展自信。

　　透過這些認識，他也會理解自己在地球上扮演的角色，意識到自身行動的重要性，以及他對大自然、對事物延續的影響力……知

道自己對周遭一切負有責任的孩子，將會曉得他該做的事、他的生命能對維護周遭環境的平衡有所貢獻，從中發展出自信心。

當然，介紹孩子認識世界時，請以樂觀正面的態度，向他展示事物的美好。千萬別讓孩子生活在恐懼、不安全感中，那股壓力會嚴重傷害他的自信，甚至導致他不想長大。讓他感受大自然、動物、花卉、樹木、人文藝術作品的美好，他會更有意願扮演守護這一切美好事物的重要角色。

自幼時起

孩子仍是個寶寶時，生活的世界侷限於照顧者，還有他的房間。再來是房子、花園、幼兒園、白天生活的地方。孩子愈大，愈需要向他介紹整個世界：太陽、土壤、陸地、動物、花卉、蔬菜、昆蟲、生態環境、居民等。

還不會走路、手部尚未完全發展的小寶寶，已經會用其他感官知覺（視覺、聽覺、嗅覺、味覺）來認識周遭世界。他認得媽媽的氣味，會看著她的臉，嚐奶的滋味，聆聽周圍的聲音，觸摸手碰到的東西。

此時，保持一切穩定是很重要的。寶寶出生後頭幾個月，必須避免更換香氛、肥皂或保濕乳液，因為那會干擾他對世界的認識。也不要太常清洗他的「心愛玩偶」，因為裡頭熟悉的氣味可以讓他感到安心。

孩子長大時

我們要知道，孩子稍大時，他會運用所有感官知覺來認識世界，不再光是用看的、用摸的。比方說，這時不妨帶他進廚房，讓他體驗不同的氣味：香草、烤好的蛋糕等。

隨著寶寶的動作愈來愈精細，他會時而用手、用嘴、用腳來探索物品的材質和形狀。

因此，建議經常把他放在不同材質的遊戲墊上，並且讓他摸索家中各種素材（前提是注意別讓他吞下危險物品）。同時，觸摸動作可以幫助他發展身體意識和探索所處環境。

若是氣溫合宜，可以放寶寶躺下來，讓他不只用手，還能用全身探索各種不同的物體表面。這樣做可以讓他發展身體意識，有助於增強他的整體運動機能。

之後，寶寶長大開始可以自行翻身時，他會自己摸索認識房間世界。這裡要再度強調放孩子睡在鋪地小床墊的重要性，正好讓他得以開始探索這片空間。

接著，他會離開房間，開始在整座屋內探險。請謹慎做好全面安全措施，這個時期的幼兒會想要嚐一嚐、摸一摸、觀察、感受所有在移動過程中遇見的事物。所以請留意他的安全，若未遭遇危險，他對周遭世界的認識會帶給他自信。

發現大自然

在家中

發現大自然是寶寶成長發展與認識周遭環境的重要階段。

因此，請思考如何透過視覺來增進他的認識，諸如利用吊飾、圖案等。同時，亦可在他視線高度掛置大自然的圖框。還有，不妨用貼紙在牆上貼出茂葉樹木、鳥等圖案。

另外，很重要的是，請盡早向他介紹多樣圖書：學習識字的字母書、風景、旅遊、藝術、動物相關圖書、蝴蝶、花卉、樹木標本圖鑑等。這些書可以讓他意識到大自然的豐富多彩，以及藝術家們的創意才華。

如果可能，建議把遊戲墊放置在窗戶旁，寶寶便可從窗子觀察大自然及所有一切變化。

在戶外

外出一樣很重要，寶寶會從中學到很多。微風輕吹肌膚、鳥鳴聲、葉子隨風舞動、各種戶外的聲音、泉水或河水，他會慢慢地認識這一切，等熟悉之後，他外出時將會充滿自信。

如果附近正好有農場，不妨帶孩子去看看動物、甚至撫摸動物。

以下是一位媽媽的見證，她正在說著自己 4 個月大的小男孩：

「動物呢……他好喜歡動物。整個人被迷住，如果他會走路，那些動物就倒楣了，可以想見他會追在後頭。他叫著、拍著、把動物抱得緊緊的（有點太緊了），還想試著舔牠們……這樣應該可以讓身體產生抗體吧！幸好動物都很溫和。不過，他有點被馬嚇到，我想他不是怕馬，但是他摸馬的動作不太一樣，沒有試圖捉住牠們。這孩子真得很可愛。」

你帶寶寶去散步時，盡量讓他用觸摸的方式感受大自然（同時請留意安全）：摸樹皮、葉子、土壤、沙子、石子、松果，還有動物。

「我們遇到小羊出生，我讓他摸摸小羊，他看著我們，發出一種『嚕、嚕』聲，然後把手拿開。我可以連續重複十次，他都是相同反應。」

孩子開始會走路時，要帶他到戶外森林、花園、公園長程散步，讓他一路觀察，按自己的步調行走，他想停就停，想休息多久，就休息多久。

寶寶在這個時期，的確不斷在觀察和認識所看到的一切。可以說，他的活動力正是源源不絕。所以，這時候請一邊指東西給他看，一邊用正確的詞彙唸出名稱，因為學習這些形容周圍大自然的字詞，他會一步步認識世界。

　　這個時期也建議帶領寶寶探索音樂世界，向他介紹不同的風格、各式各樣的樂器、音樂的節奏、各種文化的樂音等。他會從中認識到世界各地音樂的變化多端。

▲認識音樂

籃子

　　無論在學校或家中，為孩子組合以大自然為主題的籃子是很容易的。

　　以下幾個籃子範例，可以從孩子 1 歲起就介紹給他。

PART **5**

對世界的認識

對世界的認識遊戲 ❶

托盤 以動物為主題的籃子

教具

· 籃子 1 個
· 農場動物模型 1 組 6 個
· 農場動物圖卡 1 組 6 張

示範

· 請孩子來與你一同進行農場動物活動。
· 把籃子放在鋪地地墊或桌子上。
· 把圖卡拿出來放在地墊上（或桌上），水平從左到右置於上方。
· 拿一個動物模型，直接放在相同動物的圖卡上。
· 再拿另一個動物模型，重複相同動作。
· 請孩子自行繼續。

> 一開始，不必唸出動物的名稱，只要配對就好。
> 其次，孩子比較熟悉模型和圖卡時，請一邊說：「我拿一頭牛」，一邊
> 把模型放在牛的圖卡上。

Tips

〔變化版〕

你可以用多樣主題來建立這類籃子：
- 野生動物
- 花卉
- 蔬菜
- 工具
- 樂器
- 廚房用具

▶以蔬菜為主題的籃子

Tips

你可以運用家中物品來製作教具，先將物品拍照，再把物品與照片互相搭配。這樣的話，孩子會非常熟悉周遭一切，而且教導他物品的名稱與用途時，他可能已曾用手操作或看過而認得物品。

PART 5
對世界的認識

 學習認識世界

地球儀和世界地圖

當孩子較大，大約 2 歲左右，你可以開始教他認識世界，亦即地球。

蒙特梭利教育中，我們有個非常漂亮的水陸地球儀，上面光滑的藍色部分代表水，其餘粗糙的米色部分代表陸地。

因此，我們會讓孩子觸摸光滑與粗糙的部分，同時向他說明：他摸光滑的部分時，告訴他這是水；摸粗糙的部分時，告訴他這是陸地。

然後先向他解釋，這個球體代表地球，也就是我們所有人居住在上面的星球。

接著可以問他，認為這個世界有較多的陸地，還是較多的水。

再來，我們改用第二個地球儀，上面每一洲都有特定顏色：

● 歐洲是紅色

● 亞洲是黃色

● 非洲是綠色

● 南美洲是粉紅色

● 北美洲是橘色

● 大洋洲是棕色

這項教具可以用來介紹洲和洋的概念。

接下來是世界地圖，上面各洲使用與地球儀相同的顏色。

這時我們教導孩子各大洲的名稱。

此刻，也就是大約 3 歲左右，可以開始學習許多相關主題，加深他對世界的認識與體驗。清楚了解自己在地球上的位置，對於孩子發展自信是很重要的。孩子必須懂得自我定位。

建整資料檔

我們可為各大洲建立資料檔,使用與該洲別相同的顏色,供孩子自由取用,讓他想看的時候就能參考。

各大洲的資料檔包括:

● 生態環境資料檔

● 動物資料檔

● 植物資料檔

● 風景資料檔

● 歷史建築資料檔

● 主要飲食資料檔

● 居民資料檔(從這個資料檔可以感受到人們的情緒與情感:幸福快樂的孩子、傷心難過的孩子、父母懷裡的孩子、玩耍中的孩子、學校裡的孩子、跳舞的父母、唱歌的孩子等)

這些資料檔可以讓孩子更了解這個世界,認識到儘管居住在各洲人們的生態環境、動植物、風景、歷史建築、居民膚色很不一樣,但是都有著相同的情緒與情感。全世界的孩子都愛玩、愛笑,難過時會哭泣,不論男女都喜歡唱歌跳舞、撫抱自己的孩子等。

這些資料檔很重要,首先,讓孩子得以從小就充分體認居住世界的豐富多樣,其次,他對他人會更有包容力。

　　與其給孩子成千上萬的說明，不如提供他這疊漂亮的資料檔。資料檔要用心製作，附上吸引人的圖片，讓孩子想到就會去翻閱。

　　等他愈來愈熟悉，他會想要了解更多。愈認識世界，就愈能理解世界，生活其中會更自在。

　　科學方面，我們也要努力向孩子介紹大自然之美。不論在家中或學校，都可以擺一張自然桌，隨著不同季節更換放在上面的大自然元素。重要的是，請與孩子一同撿拾所有物品，而且讓他使用放大鏡自由觀察。

　　透過自然桌，孩子會認識到大自然的季節變遷和萬物的循環不息。桌上可以放置當季水果、花卉、蔬菜、描述大自然的書籍等。慢慢地，孩子開始識字之後，放置的物品還可以貼上名稱標籤。

▲各大洲資料檔

 科學

詞彙圖卡

　　科學方面，我們提供孩子豐富多樣的詞彙圖卡，這是前一章曾經提及的教具。

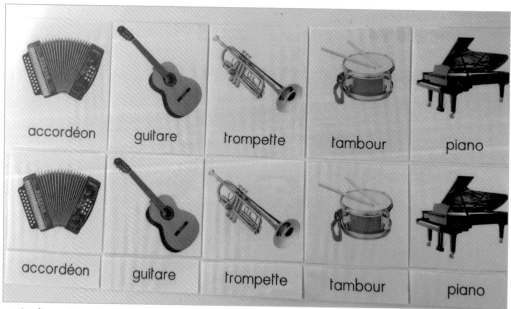

▲詞彙圖卡

詞彙圖卡可以涵蓋各種主題：

● 動物（魚類、兩棲類、爬蟲類、哺乳類、鳥類）

● 昆蟲

● 花卉

● 蔬菜

● 樹木

● 葉子種類等

孩子能從中發現大自然的豐富與美麗。

生命周期

　　我們也很強調介紹生命周期，以及有點「神奇」的變態現象：像是從卵孵出的毛毛蟲會蛻變成一隻美麗斑斕的蝴蝶。

　　若有可能，盡量讓孩子看到實物實景，他的感受會更深刻。

對世界的認識遊戲 ❶

青蛙的生命周期

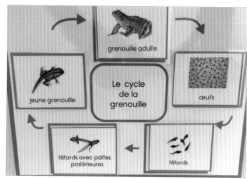

教具

· 帶箭號循環圖上印有不同階段的圖卡：卵、蝌蚪、長出後腳的蝌蚪、
　長全前後腳的蝌蚪、最後是青蛙；每個階段皆須以小方格表示
· 空白方格圖卡
· 方格 5 個，大小與其他圖卡的方格相同，每個方格上面標示青蛙
　生命周期的一個階段

示範

· 詢問孩子是否想要與你一同進行從卵變成青蛙的生命周期作業。
· 把印有各階段的圖卡拿給他看，向他說明圖卡描述的內容。
· 請他仔細觀察這張「資訊」圖卡。
· 把圖卡翻過來。
· 給他空白方格圖卡。
· 給他上面標示不同階段的 5 個小方格。
· 問他是否願意按照循環圖，把這 5 張照片放在正確位置。
· 等他放好所有標籤，請他把資訊圖卡翻過來自我修正。
· 如果有誤，讓他自行修正（這樣他會去思考錯誤的原因）。
· 請孩子隨其意願進行這項作業，次數不限。

Tips

〔變化版〕

　　會寫字的孩子還可以自己製作卡片，只要給他一份空白影本就好。

　　可以相同方式準備許多生命周期圖卡：

● 螞蟻生命周期
● 夜蛾（或蝴蝶）生命周期
● 瓢蟲（或甲蟲）生命周期
● 母雞生命周期
● 蘋果生命周期

實驗

要繼續啟發孩子感受大自然的神奇，從而發展他在大自然中扮演一角的自信，亦可讓他觀察一些科學實驗。

孩子約 18 個月大左右，示範給他看某些物質之間的相互作用，讓他與你一同進行混合作業：

● 油和麵粉

● 水和鹽（用來煮義大利麵）

● 麵粉和鹽（鹽會漸漸看不見）

● 麵粉和奶油（製作餅乾時）

● 冷凍室內裝在小杯子中的糖漿

● 柳橙汁和冰塊

● 微熱巧克力醬淋在冰淇淋上

對世界的認識遊戲 ❸

冰塊實驗

教具

〔托盤上〕
- 盛裝溫熱水（別太熱）的小玻璃碗
- 盛裝冰塊的小碗

示範

- 邀請孩子與你一同進行活動。
- 把放置所有東西的托盤拿到桌子上。
- 把冰塊放入水中。
- 請輕放冰塊入水中，別讓水濺出來；孩子這樣可以明顯感受到冰塊與熱水之間的溫度差異。
- 請孩子用其他冰塊進行相同作業。

Tips

　　自幼兒 3 歲起，你就可以向他示範一些實驗，例如：什麼東西會沉下去？什麼東西會浮起來？或者磁鐵會吸什麼東西？不會吸什麼東西？

　　請準備好托盤供孩子使用，讓他想做實驗的時候就能進行。

　　這些實驗能夠讓他理解某些物理現象，對於周遭事物的深入認識也能增強他的自信。

對世界的認識遊戲 ❹

托盤 浮起來和沉下去

教具

〔托盤上〕

· 透明沙拉盆 1 個

· 水壺 1 個

· 海綿 1 個

· 小毛巾 1 個

· 水桶 1 個

· 標籤 2 個：附有物品浮起圖示的（浮起來）標籤和物品沉沒圖示的（沉下去）標籤

〔籃子 1 個，內含〕

· 塑膠釘 1 個

· 橡皮擦 1 個

· 小玻璃杯 1 個

· 蠟燭 1 個

· 螺絲釘 1 個

· 木鉤 1 個

· 鑰匙 1 個

· 曬衣夾 1 個

· 硬幣 1 個

· 萬用貼土 1 塊

· 或其他物品，惟浮起來的物品應與沉下去的物品數量相同

示範

- ·請孩子與你一同進行作業。
- ·把托盤放在桌子上。
- ·邀請孩子把水壺裝滿水。
- ·請他把水壺裡的水倒至透明盆。
- ·把籃子裡的物品全部拿出來，從左到右橫向擺放，再一個一個唸出名稱。
- ·拿出（浮起來）和（沉下去）兩個標籤。
- ·向孩子說：「你看，所有浮起來的東西放在這個標籤下面，所有沉下去的東西放在這個標籤下面」，且將兩個標籤並排放在桌子上方。
- ·向孩子說：「現在我們來看什麼東西會沉下去、什麼會浮起來。」
- ·拿蠟燭放入盆中，然後說：「它會浮起來」。
- ·拿出蠟燭，用抹布擦乾後，把它放到（浮起來）標籤下方。
- ·拿鑰匙放入盆中，然後說：「它會沉下去」。
- ·拿出鑰匙，用抹布擦乾後，把它放到（沉下去）標籤下方。
- ·然後問孩子是否想要接著繼續進行活動。
- ·結束之後，把沙拉盆裡的水倒至水桶。
- ·告訴孩子他可以隨其意願重新練習，次數不限。

PART 5

對世界的
認識

Tips

　　如果可能，請在會沉下去的物品和（沉下去）標籤底部貼上相同顏色的膠紙片，以及在會浮起來的物品和（浮起來）標籤底部貼上另一顏色的膠紙片。

　　漸漸地，孩子會進行思考，理解什麼材質會浮起來、什麼材質會沉下去。

　　務必讓他自己思考，千萬別插手幫忙或直接給他答案。

　　經過實物作業多回，你覺得孩子已經理解之後，為他準備一個托盤或籃子，放有會浮起來的物品之圖卡、會沉下去的物品之圖卡，還有兩張寫著（浮起來）和（沉下去）的卡片，文字旁邊附上小圖示（與物品實驗的標籤圖示相同），讓不識字的孩子也看得懂。當然，會沉下去的物品圖案與會浮起來的物品圖案要一樣多，然後請孩子進行活動。

　　這些圖案應用了錯誤檢查的設計，讓孩子得以發展推理思考，並且能夠獨自進行練習。

　　此外，可以準備同類型的活動，例如：在托盤上擺放磁鐵，還有能受磁鐵吸引與不受磁鐵吸引的物品。孩子們非常喜愛這類活動！

　　還有，可向孩子介紹空氣實驗，這會給他更多重要現象的相關資訊。實際上，從小就理解空氣無所不在，他會更了解這個世界且感到自在。

歷史

個人生命史

自孩子 2 歲起，可以向他介紹生命史，讓他了解自己從哪裡來、自己所處的時間位置。

做法是準備一張生命時間軸，放入不同重要階段的照片：孩子出生、微笑、自行翻身、匍匐爬、站起來、雙腿走、第一次慶祝聖誕節、弟弟或妹妹的誕生、周歲生日等。

這些圖片可以擺在一張長條白紙上，每張照片下方標記孩子的年齡，然後橫向放在牆上。

這樣，他會認識到自己生命的不同階段。

還有，為孩子準備一週的橫向時間軸也很有趣。

每天畫上孩子的一項活動。

然後，分別製作空白時間軸與活動圖片，像其他活動一樣，讓孩子參考資訊時間軸，把活動圖片依序放到空白時間軸上。

如此一來，孩子能夠掌握一週排程、知道接下來是什麼活動等，隨時知道將發生的事會讓孩子感到安心。

相同方法可以應用於一日時間軸的製作。

蒙特梭利方法中，我們還有所謂的「時間長樑」（la poutre du temps），這是一幅很長的時間軸，以日為劃分單位，標示出整個年度。把這一大幅時間軸掛在牆上，能讓孩子有一整年的概念，時間軸上還會標出星期、月份、季節和當年所有重要事件。這樣孩子會理解一年如何度過、發生了什麼事，他可以看到在某一特定時間點之前、之後發生的事件，讓他感到安心。

我認識一位育有兩名幼兒、正懷著第三胎的媽媽。對於孩子來說，9個月的等待是很漫長的。所以，她把時間長樑掛在牆上，標出寶寶的預產期和懷孕起始日。這樣孩子們就能靜靜查看究竟寶寶出生還要等多久、多少天已經過去……他們因此得以帶著信心陪媽媽度過懷孕期。

編年史時間軸

之後，為了讓孩子能有事件演替的具體概念，可以透過編年史時間軸來教導他所有相關歷史。理解時間和擁有時序概念，是孩子找到自身時間定位的兩大要素。

一個清楚自身定位、充分理解世界的孩子，能夠發展出高度自信。

反之，一個不曉得一天中、一週中、一年中、在這個世界上發生什麼事的孩子，成長路上缺乏定位指標，只會不斷感受到焦慮和壓力，對於自信發展有害無益。

PART **6**

孩子的潛能

協助孩子發展潛能

所有潛能一樣重要

　　蒙特梭利教育中，我們竭力營造能夠讓孩子發展所有自身潛能的環境。也就是說，孩子可以隨著他的發展，在環境中找到適合開發潛能的一切素材。

　　如此一來，他會按照自己的步調和能力發展潛能，大人別做比較，且應盡量避免孩子與他人相比較。任何潛能都很重要，沒有一項潛能優於另一項。

　　我們知道孩子會經歷敏感期，但是敏感期沒有一定順序，有的時間長，有的時間短。每個孩子會因此真正成為自我，逐漸認識自己。

　　孩子將從而發展出自己的個性、自身的才能，獲得強大的自信心。

　　此外，充分發展能讓孩子覺得生活更加容易，避免由於對自身才能喪失信心而衍生嚴重問題。

　　孩子天生就是獨一無二的，且一直都是，他學著真正認識自己。憑著自主能力，他可以自己從錯誤檢查中了解到什麼是能力所及、什麼稍有困難、喜歡什麼或不喜歡什麼，且從不拿自己與他人相比

較；他能自我建構的原因在於，大人已經根據他的發展來規劃環境，並且透過示範讓孩子自行模仿學習。

孩子是個別進行所有這些活動，所以不會拿自己與他人相比較；他會根據自身需求和學習步調來建構自我，學習真正認識自己。大人別過度讚美，別給予獎勵，這樣的話，孩子做這些事是為了自己，想從中感受建構獨一無二的自我的快樂。

自幼時起

寶寶在生命的最初幾個月，會學習信任他剛剛來到的世界，以及信任自己，他以某種方式對自己說：「我可以做到；我有能力做到。」在接下來的兩年內，他將肯定自己擁有在這個世界行動的能力，就像對自己說：「我是個有用的人，我投入生命。」

這一切都能讓他發展出強烈深切的自我尊重感，以及生活在這個世界的從容自信。

從孩子出生起就讓他投入活動，他便能按照自己的步調和能力發展各項潛能，以及發展自己的個性。

一個知道自己是誰、清楚了解自我的人，會懂得什麼對他是有益的，從而發展自信。

感官知覺的角色

學習認識世界

　　蒙特梭利觀察到，孩子首先是透過感官知覺來認識生活其中的世界：「感官知覺是掌握外在世界的器官，乃是智能所必需。」因此，孩子的感官知覺愈發達，他對世界的感知認識就愈深入而細膩。他會更加理解世界、更感自在，且更有自信。

　　因此，應為孩子建置完善的環境，讓他得以發展感官知覺。

　　同時，感官知覺的發展有利於智能的發展，讓孩子的生活更為輕鬆容易，也讓他對自己成形中的能力更具信心。

　　向孩子介紹合宜的感官知覺發展教具，亦可大幅發展其專注力。

　　孩子要學得好、理解佳、充分吸收掌握和感覺自在，專注力是不可或缺的。

　　蒙特梭利也曾說過，感官知覺的教育是培養智能的教育。

　　除了這個目標，感官知覺練習可以讓孩子認識同一性、認識對比性和區辨細微差異。

　　實際上，感官知覺的優化有助於發展人們常說的「第六感」，也就是所謂的直覺。孩子的感官知覺發展愈敏銳，對於世界和人們

的感知認識會愈好。

他們會比較容易察覺到憂傷的眼神、手的顫抖。事實上，他們比較懂得對感受到的一切做出反應，發展出較強烈的同理心和敏感度。

此外，他們對於新情境、新地方的適應力較佳，因為他們同樣會學習融入情境與文化；他們懂得調適自己的行為，且較能理解他人與其生活方式。

把感官知覺區隔出來

運用感官知覺的相關教具，我們會讓孩子更加理解所感受到的知覺體驗，讓他得以進行內外作業，整理自己的心緒。這是因為透過向孩子介紹的教具，他會先對感受到的知覺有所意識，然後再作整理。

在這方面，蒙特梭利還觀察到，若要突顯某種特質感受，重點是盡量把感官知覺區隔出來。實際上，如果觸覺感受沒有摻雜視覺感受的話，感受會更清晰。

比方說，孩子在寂靜暗處的感知更為強烈，因為那裡沒有視覺或聽覺感受來干擾他的觸覺感受。

因此，區隔處理是雙重的：將孩子與所處環境的其他知覺感受相隔離（常用的方法是，請孩子戴眼罩、安排他在很安靜的地方作業），以及根據單一知覺項目作教具分級。

強化感官知覺的發展

寶寶很小的時候，他的感官知覺是理解出生世界的唯一手段。然後，他會按照自己的步調成長進步。

感官知覺與大腦直接連結。

各種知覺（聲音、氣味、接觸、圖像或味道）把感官知覺意象傳送至大腦。接著，神經細胞之間會建立一連串作業：資訊分類、儲存、與原已儲存分析的資訊作比較、進行連結。

感官知覺傳送愈多資訊，大腦網絡會愈密集、多元、有效率。

起先，孩子是不自覺地吸收所有感官知覺接收到的資訊，然後依賴大腦逐一儲存、分類和整理這些資訊，每種感官知覺在大腦中都有特定的運作區域。觸覺在此占有重要位置，因為它是持續不斷與環境互動的感官知覺。

小小幼兒還不太會使用雙手，但所有感官知覺皆已開發。所以在這時候，刺激視覺或聽覺等其他感官知覺是十分重要的。

強化與教育孩子的感官知覺，使之充分發揮功能是完全可能的。要做的只是讓孩子親身體驗，以及規劃有助發展的活動。

遊戲活動特別具有激勵性、結構性和建設性。遊戲能夠豐富孩子的經驗，因為他在遊戲中會進行各種嘗試、試驗、錯誤、比較，以及觀察產生的結果。

味覺的發展

味覺多元化

如同嗅覺一樣，寶寶從出生起就具有味覺能力：根據媽媽在懷孕期間的飲食，他已經有了味覺偏好。

透過母乳，他會持續熟悉母親的飲食口味。此外，以母乳哺育的孩子表現出較廣的食物接受度，相對地，以配方奶粉哺育的孩子未曾體驗過這麼多味道。

當然，發展孩子味覺的最佳方法是經常向他介紹豐富多樣的食物。

重要的是，請盡量讓孩子經常與你一起用餐。看到父母吃的東西，他也會想要嚐嚐看。

我們注意到，自從孩子發展出抓握能力之後，他會把任何東西都放進嘴裡，這其實也是一種發展味覺的方式：我們在遊戲籃內設置的所有東西（手搖鈴、球、觸摸書等），可以讓他嚐到木頭、金屬、織物、毛料等各種不同「滋味」。

所以這裡又多了一個理由，挑選玩具時宜選擇不同的材質，例如挑選不同材質的球。

PART **6**

孩子的
潛能

孩子的潛能遊戲 ❶

托盤 味覺瓶

從孩子 2 歲起，就能進行味覺瓶活動。瓶內可以放入各種可能的味道：甜、苦、鹹等。此外，亦可選用各種不同的糖漿（薄荷、檸檬、草莓、石榴等）、醋、鹽水、柑橘……選項有無限可能！

教具

〔托盤上〕

· 相同顏色的不透明瓶（讓孩子無法看透） 2 組，每組各 6 瓶，形成 6 對瓶子。同一組瓶子的瓶蓋相同。亦可使用附有滴管的瓶子，方便孩子嚐味道
· 相同味道的成對瓶子底部，貼上同一顏色的膠紙片，供錯誤檢查用
· 棉布 1 個（擦手用）
· 玻璃水壺 1 個
· 杯子 1 個

示範

· 每對瓶子裝入不同味道的液體。
· 把瓶子放在托盤上，每組瓶子直向擺放，但成對瓶子勿放同列。
· 邀請孩子與你一同進行味覺發展活動。
· 把托盤放到桌上。
· 拿第一個瓶子，擰開瓶子，放一滴液體在手上，嚐嚐味道。

- 同樣倒一滴在孩子手上。
- 問他是否認識這個味道。
- 告訴他：「我們要在另一組瓶子當中，找到裡頭裝著相同味道液體的瓶子。」
- 把嚐過味道的瓶子放在托盤前方。
- 拿另一組瓶子的其中一個。
- 鬆開滴管，放一滴液體在手上。
- 對孩子做同樣動作，並且問他：「味道和另一瓶相同嗎？」
- 如果他說不同，把瓶子放在托盤旁邊，繼續再嚐其他瓶的味道。
- 孩子認出相同味道時，請把瓶子放在第一個嚐過味道的瓶子旁邊。
- 如此持續活動直到結束。
- 請孩子把每對瓶子翻過來確認，成對瓶子應貼有相同顏色的膠紙片。
- 如果孩子弄錯了，什麼都別說，他願意的話，再讓他重做一次。
- 經過一段時間，味道會有點混淆，可以請孩子喝杯水。

Tips

〔變化版〕

　　在嚐瓶中液體的味道時，可以同時說著：「這是醋，我們來找醋。」用這樣的方式說出味道的名稱。

　　另外，也可以說：「這是甜的，我們來找另一個裝著甜水的瓶子」之類的話。重要的是，經常變換瓶內液體，讓孩子的味覺更為敏銳。

 嗅覺的發展

　　與味覺相同，寶寶還在媽媽肚子裡的時候，就已經透過羊水發展嗅覺。

　　出生之後，他很快就能區分媽媽與其他照顧者的氣味。然後，他能清楚分辨一些居家相關的氣味，例如廚房的氣味、所處環境中某些植物的氣味。

　　請善用親子活動來發展孩子的嗅覺，可以讓他聞一聞草莓的香氣、羅勒的芬芳，帶他去乳酪坊、魚店、農場等。

嗅覺瓶

▲嗅覺瓶

　　你可以使用味覺瓶同一類的教具；瓶子無需附有滴管，而是能夠讓孩子聞氣味、看不見裡頭的東西即可。

　　請在瓶中放入多樣氣味（咖啡、巧克力、香草），並且經常更換。示範方式與味覺瓶完全相同。

　　另外，也有嗅覺玩具，但氣味通常與標示物的天然氣味不盡相同。

　　隨著視覺的發展，嗅覺會逐漸被遺忘；所以要讓孩子持續感受周遭的各種氣味，濕草、紫丁香、玫瑰的香氣等。

　　嗅覺是與情緒連結最緊密的感官知覺。實際上，它有非常強烈的情緒召喚力。

聽覺的發展

寶寶在媽媽肚子裡可以聽到說話聲，還能聽見媽媽正在聆聽的音樂！

寶寶出生之後，要發展他的聽覺，重要的是多與他說話、唱歌給他聽（寶寶們超愛）、讓他聆聽各式各樣的音樂。

音樂的重要性

音樂對幼兒有十分正面的影響力。

但請注意，這裡說的不是一直放背景音樂給孩子聽，而是必須在例行日程中安排特定時間聆聽音樂。

重要的是，請慎選給孩子聆聽的音樂，音樂類型盡量多元化。聆聽各式各樣的異國音樂也能幫助孩子開啟對於其他文化的認識，拓展他的視野。

孩子從小就可以為他準備一個樂器籃，方便他自行嘗試不同的樂器聲。其中，會發出聲音的手搖鈴很重要。

隨著孩子長大，你可以再增添收納的樂器，但要堅持不得帶著樂器亂跑，而且要以正確的方式使用樂器；樂音必須是悅耳的。

　　寶寶能夠自由動作之後，會很喜歡隨著音樂起舞，這對他的藝術知覺發展會有所幫助。

　　孩子較大時，建議邀請他留意屋內的聲音，還有仔細聆聽音樂片段。

　　聖桑（Saint-Saëns）的《動物狂歡節》（Le Carnaval des animaux）很適合孩子們，甚至是年紀最小的幼兒；聆聽之後，還可以就聽到的聲音向孩子提出相關問題。

　　你也可以運用成對的鳥笛。先吹一枝鳥笛，然後告訴孩子：「你聽，這是布穀鳥的聲音，我們再來吹其他鳥笛，看能不能找到相同的聲音。」你可以用這樣的方式組成配對。

聽覺筒 ❼

　　你可以製作與味覺瓶或嗅覺瓶一樣的教具，分成 4 組，每組各 2 瓶（用於尿液分析的瓶子再塗成不透明色即可），倒入各式各樣的豆子或材料（鹽、麵粉、扁豆、鷹嘴豆、咖啡豆、米等）。

▲聽覺筒

　　重要的是，請注意成對的聽覺筒內要確實放入等量的豆子，這樣才能發出完全相同的聲音。

　　示範方式與其他瓶子完全相同，請仔細尋找發出相同聲音的成對聽覺筒。

　　蒙特梭利教室裡，我們同時備有一款非常有趣的教具，稱之為蒙特梭利音感鐘（les clochettes Montessori）。

▲音感鐘

視覺的發展

吊飾和圖案

孩子出生時，視覺發育尚不完全，成長過程中才會逐漸發展。所以從他出生之後，請在他的身旁放置顏色對比鮮明的物品或圖案，尤其是黑白對比。

從寶寶出生後，請在靠近他雙眼的胸前上方，懸掛所謂的「穆納里黑白吊飾」，吊飾中還包括一顆反射天然光線的玻璃圓球。

從寶寶出生至 6 週大左右，這個吊飾可以刺激他的視覺。吊飾上的物件將隨著空氣流動搖擺，吸引寶寶的視線，讓他想盯著物件看。此時，寶寶還無法分辨顏色，黑白對比將會刺激他的視覺。

隨著孩子視力進步，可以用其他專為發展視覺的吊飾來取代穆納里黑白吊飾：

- 哥比漸層球吊飾由五顆大小相同、但顏色不同（漸層球顏色由深至淺，選用色彩並不重要）的圓球組成，圓球表面覆有會反射光線的絲棉。此吊飾的名稱源自蒙特梭利培訓的助手吉安娜 · 哥比（Gianna Gobbi）；

- 八面體吊飾；

- 舞者吊飾。

同時,為了發展孩子的視覺,請把黑白圖案掛在他的環境範圍內,例如尿布桌、遊戲墊的近處。

甚至孩子還很小的時候,就可以向他介紹黑白圖畫書。

孩子長大後,可再建議他玩拼圖、第三章曾提及的多種分類活動、相同卡片的配對、演算法❽。學習顏色可以發展孩子的視覺。

你設計的任何感官知覺教具,應只根據單一標準來做變化,以區隔出不同之處。譬如,孩子學習顏色時,你可以使用外型完全相同、但顏色不同的車子。

在蒙特梭利學校,我們備有大量輔助視覺發展的教具:

● 圓柱體插座組合; ● 紅棒;

● 粉紅塔; ● 色板。

▲ 視覺訓練

---

❽ 註:原文「演算法」(algorithme)可廣義定義為:用來解決特定問題或完成特定任務的一連串步驟;為求白話,亦可考慮改譯為「任務題」。

孩子的潛能遊戲 ❷

演算法

教具

· 紅色大三角形 10 個，黃色小圓形 10 個，藍色大正方形 10 個
· 盒子 1 個
· 地墊 1 個

示範

· 邀請孩子來地墊上作業。
· 孩子攤開地墊，把盒子拿來地墊上。
· 用紅色三角形和藍色正方形設計一道演算法題目。例如，沿著地墊上緣放置 1 個三角形、2 個正方形、3 個三角形、1 個正方形、[9]1 個三角形。
· 配合設計的演算法題目，在第一排下方按照相同順序排列圖形。
· 請孩子試試看。

Tips

〔變化版〕
　　如果一起作業的孩子沒有窒息風險，可以使用小東西或鈕扣來進行此活動。

[9] 註：此處原文為 5 個三角形，但考量到教具僅有 10 個三角形，完成範例活動會有困難，所以暫將數目調整為 1 個。

孩子的潛能遊戲 ❷

小車子

教具

・顏色不同、但外型相同的車子
　3 台
・地墊 1 個

建議你從基本原色開始著手：黃色、紅色和藍色。

示範

・把 3 台車子放在地墊上。
・一邊拿黃色車子，一邊向孩子說：「我拿黃色車子。」然後一邊
　放下黃色車子，一邊說：「我放下黃色車子。」
・每台車繼續相同動作。
・反覆進行活動多次。

Tips

　　詢問孩子：「可以拿給我紅色車子嗎？」如果他拿給你紅色
車子，請說：「你拿給我紅色車子，謝謝你。」如果他拿給你其
他顏色的車子，便說：「這是黃色的，我要拿紅色的。」然後拿
起紅色車子。

觸覺的發展

至關重要的感官知覺

　　觸覺從出生起就開始大幅運作。即使寶寶還無法自主動作，對於觸摸已經很有反應。譬如，當你把手指放在他的手中央，他會把手握起來。

　　觸摸在寶寶的情緒和關係生活方面扮演了非常重要的角色。像是撫摸等某些動作會讓寶寶產生幸福感，有時足以緩和哭泣，幫助他紓解壓力；反之，像是打針等其他動作會破壞他的安全感和舒適感。因此，寶寶對於別人對待他的動作很敏感，特別是他的父母和照顧者。

如何發展觸覺？

　　手搖鈴和遊戲墊，可以準備不同的質地，讓孩子從小就能探索不同的材質與觸感。

　　按摩也對孩子的發展和身心狀態很有助益，但要留意寶寶舒適與不舒適的訊號。

不同質地的球也是增進觸覺發展的絕佳利器。

同時，還有不同質地製作的抓握布方塊和布球，寶寶也會覺得很有趣。

我們在教室裡亦備有觸覺板、溫覺板等。

對於孩子來說，觸覺的發展確實至關重要，他的生活感受會因此更為深刻。孩子對於生活的理解愈豐富，自信也隨之發展。

孩子長大至 18 個月左右，你就可以進行神秘袋活動。

▲不同質地的球

▲抓握方塊

孩子的潛能遊戲 ❹

神秘袋

教具

· 附有拉繩可以收緊袋口的 20 x 25 cm 小布袋 1 個
· 孩子的日常生活用品 6 個：木匙、牙刷、小湯匙、瓶塞、曬衣夾、
  小瓶子等

示範

· 把袋子拿到桌上。
· 慢慢打開袋子。
· 伸手放入袋子。
· 示範給孩子看，你正在摸索一樣東西。
· 告訴孩子：「我摸到……」，然後取出物品、說出名稱。
· 把物品從左到右放在桌上或地墊上，讓孩子任意拿取。
· 若是孩子表現出有意自己繼續進行，請把袋子遞給他（如果缺乏
  語彙而說不出名稱也無妨，孩子只要能摸東西和取出來就會感到
  滿足）。

注意事項

重要的是經常更換袋中物品，且不要放入超過 6 個物品。
這項活動的目標是發展觸識覺（觸摸實體的感官知覺）。

孩子的潛能遊戲 ❺

配對神秘袋

教具

- 附有不同顏色拉繩（紅色和藍色）
  的 20 x 30 cm 小布袋 2 個
- 物品 3 至 4 對
- 地墊 1 個

示範

- 把袋子拿到桌上或地墊上。
- 一個袋子給孩子，另一個留置在
  你的前方。
- 慢慢從袋子裡拿出一樣東西。告
  訴孩子：「我摸到……」，然後取出物品、說出名稱。
- 把物品放在桌子或地墊的左上方。
- 詢問孩子是否能在他的袋子裡找到相同的東西。
- 把配成對的兩個物品放在桌上或地墊上。
- 繼續進行活動。
- 孩子會正確使用的話，可以讓他把玩物品。

孩子的潛能遊戲 ❻

布料

教具

· 不同質地的布料 4 對

示範

· 向孩子介紹布料，讓他充分觸摸，並且告訴他布料名稱。
· 請孩子戴上眼罩。
· 告訴孩子：「我們來找找看質地相同的布料。」
· 把一塊布料放到孩子手裡，請他用整隻手仔細觸摸，然後告訴他：「我們來找一樣的布料。」
· 把第一塊布料放在桌上，再給他摸另一塊布料，同時問他：「這塊一樣嗎？」如果他說是，把這塊布料擺在第一塊右邊；否則放回盒子裡。繼續讓他摸另一塊布料，問他是否一樣等等。
· 最後，孩子脫下眼罩，查看配對布料是否的確相同。
· 這時候，運用視覺來做錯誤檢查。

▶ 注意事項

孩子能夠辨認最初 4 對布料之後，可以再作更換，改用其他布料。請同樣告知布料的名稱，且可使用觸感愈來愈接近的布料來配對。

 手部運動機能和全身運動機能的發展

一切不強迫

　　讓孩子從小就能自由活動,他將會依照自己的步調、透過自身行動,發展他的整體運動機能。

　　千萬不要催促孩子跨越成長階段,像是試著要他坐立、訓練他走路……孩子的成長進展必須能夠按照自己的步調,等他有自信、準備好的那一天,自然就能做到。

　　寶寶會移動身體、任意翻身,然後四肢爬,每一刻都是何等的勝利,更不用說他踏出第一步的那天!

　　這一切都別強迫孩子:勝利必須是屬於他的,這樣可以讓他的自信高度發展。

輔助發展的設施

　　當然,這不妨礙設置一切措施,輔助他發展這些需要自行達成的學習。

在這段困難的習得過程中，協助他的方法之一是設置「鏡子與掛桿」，也就是設置一面橫向長鏡，上面加設一根長桿。

這根橫桿可以幫助他發展臂部肌肉與平衡，逐漸轉向立姿。由於孩子剛開始會經常跌倒，需要沿著鏡子鋪設厚質地墊。

鏡子可以幫助孩子看見自己的整體動作，活動從橫躺姿勢慢慢過渡到直立姿勢。因此，鏡面必須夠寬，而且與寶寶一樣高。

▲鏡子與掛桿

同時，還可以設置塑膠泡沫材質的梯子和斜坡來協助孩子。

另外，也有將三根橫桿側端掛在兩片夾板上的結構設計，這可以協助孩子站立，慢慢學會走路和掌握身體平衡。

寶寶腿部較為結實時，可以給他一台小推車，請注意推車的穩定度，不會因為孩子的重量而翻倒。藉由小推車的輔助，還不會走路的孩子得以開步向前走。心理上，這東西可以支持孩子努力不懈，開心成長，最終能夠站立行走。

安全樓梯的設置，也能協助孩子發展運動機能。

孩子會走路時，蒙特梭利建議盡可能帶他長程步行，藉以磨練後天習得的行走能力。這些能力的成長進步，會根據機會、環境和孩子的性情而有個別差異。

一旦孩子會自己走路，給他一個需要拉著走的東西，讓他在有意識地行走前進時，增加身後拖拉某物的困難。

還有，可以給他一台獨輪手推車，協助發展他的大肌肉和走路平衡。

蒙特梭利在教育法中，多次提及身體動作的重要性。身為醫生的她，仔細研究了發展的身體和生理面向，因此解釋說明，人是身心協同合作的個體。

要讓孩子對於走、跑、爬等能力保持自信，我們面對偶發摔倒或碰撞的反應也很重要。這部分在（大人的角色）一章已曾提及。

精細運動機能的發展

手的重要角色

　　蒙特梭利曾說：「如同手是抓握實物的器官，感官知覺則是掌握外在世界意象的器官，乃智能所必需。不過，感官知覺和手都能超越本身的簡單角色，功能更加精細化。提升智能的教育必須不斷強化這兩個媒介，它們可以透過後天培養而更臻完美。」

　　她注意到，智能是透過「手──腦──手」的循環完成建構：用手操作物品時，手接收到的資訊會傳送到大腦。大腦吸收掌握之後，接下來由手運用新的資料。在與現實世界的接觸過程中，智能是如此逐漸建構而成。

　　幼兒的手需要各式各樣的觸覺刺激、抓握小東西、把玩不同形狀。所有這些活動都能讓孩子重新理解世界，他會感到自在，進而發展自信。

漸進調整的活動

　　隨著時間和孩子能力的成長發展，他會需要愈來愈精細的手部作業，建議給孩子的活動也要跟著漸進調整。

此時，大人可以提供孩子需要放入洞裡的球、投入撲滿的代幣、穿線珍珠……

重要的是，請隨著他的手部發展，漸進調整所提供的教具：

● 吊飾 ● 手搖鈴

● 橋門架 ● 球

● 桿棒套環 ●「投置盒」

● 與大人一同進行日常生活的活動

吊飾要掛在低處，讓寶寶的手能夠碰到。剛開始時，他的動作比較笨拙，但慢慢會發展出自主的碰觸行為。當他發現自己能夠讓吊飾動起來，將會感到何等自豪！因此，使用電動裝置旋轉的吊飾，反而會失去趣味；孩子變得完全被動，無法自信地對自己說：「我能夠用手動作，讓吊飾動起來。」

▲橋門架

橋門架也很重要，原因是相同的。小小孩會試著抓握配件、逗弄它們，因此發展出強化智能的重要能力：因果關係。

最後，當孩子能夠坐立，可以介紹他蒙特梭利口中的「投置盒」或「物體恆存盒」。

這些盒子可以讓他：

● 意識到皮亞傑（Piaget）在發展心理學中定義的「物體恆存概念」

● 建立因果關係，進而開始理性思考

● 專注

● 優化手眼協調能力

● 區分形狀

投置盒有三個系列，每次只把單一困難區隔出來。這是蒙特梭利教育法的原則：絕不向孩子介紹需要面對多項困難的活動。

● 第一個系列：是把一顆球放進洞裡，然後看它又再出現，或者把它藏在分格或滑動抽屜；

● 第二個系列：讓孩子有機會把不同的幾何形狀放入特製洞孔和不同的盒子（一個盒子放一種幾何形狀）；

● 第三個系列：讓孩子進行較為進階的訓練，強化其手部精細動作、手指靈活度和手腕控制。

孩子較大時,可以向他介紹拼圖:剛開始,請用單一幾何形狀的拼圖,然後再用內含方塊、圓球、橢圓等的立體拼圖。

接下來是桿棒套環練習,手腕動作更為複雜。

藉由這項教具,孩子的手部精細動作將會大幅改善,變得愈來愈靈巧。

示範這些活動時,請放慢速度,並且以「夾鉗」手勢(大拇指、食指和中指)取物放入洞孔,為寫字姿勢預做準備。

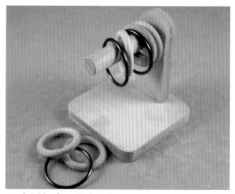

▲桿棒套環練習

日常生活的活動

孩子約 15 個月大左右,他的手已是真正可用的工具,他準備好模仿大人的活動,且具備相當能力。

孩子只有一個想法,就是在愛他、有耐心、真心信賴的人身旁作業。能夠介紹給他的活動,就是我們所謂的「日常生活」活動。

這些活動會帶領 15 個月大的寶寶充分建構自我、鞏固智能、強化專注力,讓他更加欣賞自己不斷增強的能力。因此,這是孩子發展自信的重要一環。

蒙特梭利建議，讓 15 至 18 個月大的孩子每天陪同大人進行日常生活的簡單工作。這是尊重孩子想要模仿大人的一種方式。因此，父母務必根據孩子的能力和興趣，讓他參與以下日常活動：

● 擺餐桌

● 整理採購的物品

● 衣服分類

● 洗衣服

● 清洗鏡子

● 擦亮花瓶

● 製作花束

● 皮鞋上油或擦亮銅器

● 用小掃帚清掃

● 摺毛巾

這些活動應使用真實材料，但必須輕盈小巧。請謹記用簡單而井然有序的方式來整理素材，以從左到右的使用順序放置。孩子會將順序內化，自然成為思考方式的一部分。

這些活動必須是周期性的（亦即有始有終），並以相同邏輯方式進行，讓孩子能夠融入其中順序。

日常生活的活動也是能夠發展自主的活動。

大人將活動示範練習多次之後，在托盤上準備好要提供孩子的活動，再慢慢地示範給孩子看，盡可能把步驟分解，讓孩子能夠融入每個要做的動作。

孩子愈大，我們會介紹他更多需要精細運動機能靈活運作的托盤活動，乃至用鑷夾將扁豆放到肥皂盒的托盤。

▲夾豆子

當然，之前會先習得以下物品的操作：

● 湯匙

● 滴管

● 曬衣夾和各種夾子

專注力的發展

　　孩子身上另一項有待發展的重要才能，就是專注力。專注力的發展可以早從設置吊飾開始，孩子會長時間觀察吊飾，從而鍛鍊他的專注力。

　　然後，他將試著觸動零件，當他意識到手臂動作能夠晃動正在觀察的物品，他會表現出極度專注，試圖複製先前碰巧做出的動作。

　　同樣地，我們將裝設床掛，尤其是圓環，這也會讓他非常專注，漸漸做出抓握動作，最終得以成功把東西握在手中。

　　這項教具和橋門架對於寶寶專注力的發展都大有助益，擁有長時間高度專注力的孩子未來在學習上會容易許多，從而發展他的信心。任何學習都需要專注力，無論是學業，或是學說話、運動、玩遊戲等。專注力可以大幅降低孩子生活的難度，增強他的能力和活動力。

　　因此，實行我們先前看過的各種活動是很重要的。原因在於，無論是物體恆存盒或日常生活的托盤，都能大大協助孩子延長專注的時間。

　　孩子會長時間盯著看的黑白圖案和黑白圖畫書，對於他的專注力也有助益。

　　所有幼兒托育機構皆應提供這些素材，而且大人應讓孩子隨其意願進行練習，次數不限，絕不中斷或介入練習，因為他同時正在鍛鍊重要的專注力。

PART **6**

孩子的
潛能

 **創造力的發展**

信心的關鍵

　　協助孩子發展自信的極重要潛能之一，就是創造力。實際上，擁有創造力的孩子總是能在生活中找到解決方法。他絕不會屈服於某一事由或處境，他知道自己能發揮創造力，找到如何走出困境的方法，或者找到達成目標的另一條路。

　　處於感到悲傷、甚至有些灰心的困境時，富有創造力的孩子能夠想像另一個較美好的情況。他懂得想像其他東西。他活在當下，但知道還有其他東西。懷有這樣的希望，他的想像力允許他思考其他生活方案，準備好盡全力邁向另一局面。

　　創造力也會讓孩子較不受情境束縛，成為創造與建構自己生命的自主行動者。一個認為自己可以有能力建構生命的孩子，將會發展出高度自信。

如何發展創造力？

首先，千萬別給孩子解決方法，或者教他理性思考，即使他還很小。

我們在環境中提供他活動、遊戲，且以慢速度示範，讓他能夠充分沉浸投入我們的姿勢和手部動作。

然後，我們把活動交給他，告訴他可以隨其意願進行，次數不限。

看他嘗試而未能在第一時間達成時，應克制自己插手介入。我們大人時常想要協助孩子、指示他怎麼做，但是這樣對他並不好，因為如此一來，他就無法發展出可以幫助他自己找到解決方法的創造能力。

寶寶會自己找到方法，摸到離他有點遠的玩具。如果觀察一個肚子貼地爬的小小孩，當他想去摸距離稍微超出伸手可及範圍的玩具時，你會很驚訝地發現他是如何找出辦法做到。這樣放手讓孩子做，當他自行達成目標時，將會發展出高度自信。

當然，別讓孩子找上好幾個小時！要懂得適度衡量！

錯誤檢查也有助於發展孩子的創造力。實際上，孩子做完練習，藉由錯誤檢查發現自己弄錯時，得找出求得正解的方法。他應該已經理解為什麼弄錯，然後會發揮創造力，找到另一個達成目標的方法。

重點是讓他思考，才有助於發展他自身的邏輯思考能力與智能。

數學方面也是，譬如，做運算時別給他關鍵提示。如有需要，先用實體教具示範多次，然後提出一道運算題，問他想不想試試看。

接著，就讓孩子獨自作業。他將會查看錯誤檢查，自行練習，自己找到完成的方法。

像這樣讓孩子發揮創造力和邏輯思考能力，有時我們甚至發現，他會運用與我們完全不同的另一方法來解答呢！

▲音感鐘

▲數學運算

藝術活動也有助於創造力的發展，特別是繪畫和音樂。

運用蒙特梭利音感鐘，孩子可以編作小段樂曲而成為行動者。

我們備有許多引導孩子們自行編曲的練習。成為音樂創作者是多麼幸福，意識到自己能夠編作可供同學演奏的小段樂曲，又是多麼令人感到自信！

毫無疑問地，藝術對於創造力的發展有重要助益。因此，它必須在例行日程中占有一席之地。孩子必須能在環境中找到所有發展藝術創造力需要的東西：紙、奇異筆、彩色鉛筆、顏料、麵團黏土、塑泥黏土、泥土等。這些活動不必全部同時提供，但應讓孩子能夠自由取用。

另外，房間內要預留展示孩子作品的地方，預先準備好軟木板或附有曬衣夾的吊繩。重點是讓孩子意識到他的作品吸引我們的關注，而且受到重視。

蒙特梭利教室裡，我們也備有幫助孩子發展創造力的教具。不過，我們不會因為孩子富有創造力，就允許他胡亂操作教具。教具是由蒙特梭利以科學的方式設計而成，原本有著相當明確的目標，變更教具的使用方法將會偏離其目標。

擁有創造力的孩子會發展出強大的自信潛能。如同其他特質一樣，創造力是從孩子很小的時候就開始建構，而且他會一生受用。

筆記

PART 7

語文

「孩子正探尋著各種語言、各種表達方式，因為沒有語言足以充分表現他身上湧現的生活光景」，蒙特梭利曾說道。

茁實成長的基礎

溝通

孩子在 0 至 6 歲期間經歷語言敏感期；這些年間，孩子很喜歡聆聽字詞、開口說話、溝通、閱讀、擴展語彙、寫字、說另一個語言等。他會非常喜愛且著迷於任何與語文相關的事物。

孩子擁有豐富語彙、懂得運用良好句法構句，以表達所看到的、感受到的、想告訴我們的，皆是協助他擁有自信的重要因素。

當孩子擁有充分語彙而能精確表達意願時，生活會變得更加容易。

能聽懂大人向他說的話，對於自信發展也是不可或缺的。孩子理解將發生的事、要一起做的事、要去哪裡、爸媽去哪裡、他們在哪裡等，這些對於他發展自信和避免挫折都是十分重要的。

挫折

　　有語言表達困難的孩子時常會深感挫折。所以，我們在學校會看到幼兒敲敲打打、推倒別人、撞人、咬人……這類暴力的動機經常源自孩子的溝通需求，因為他沒有辦法用言詞溝通、無法表達意願，或者面前的大人未能理解他。

　　此外，我們很早就能觀察到這種挫折感，剛開始會移動身體的幼兒，還不會說話、只能用手指向他要的東西，如果大人不能理解他想要拿什麼，寶寶就會焦躁不安，甚至發脾氣。

PART 7

語文

 促進語言的發展

大人的角色

最重要的是，與寶寶說很多話，即使他才剛出生。別忘記，出色的溝通能力是從孩子很小的時候就奠定基礎。

此外，談話的品質通常是與父母對寶寶的關注程度有關。

因此，我們可以在換尿布、幫孩子穿衣、梳洗等的時候與他說話。唸出物品、動作名稱時，請用字簡單，但尊重孩子的聆聽行為，尤其要面對著他說話。

要協助孩子發展語言，大人應發音咬字清晰，使用正確文法和豐富語彙。

寶寶所曝露接觸的字詞量與他的語言發展有直接關連。最重要的是：只有直接對他說的字詞才算數。

大人說話時，寶寶需要與大人處於互動狀態，同時與周遭真實世界有所連繫（大人一邊說話，一邊指東西或用手勢說明等）。例如，與孩子共讀時，應一邊唸出名稱，一邊用手指指物。這樣的話，孩子會意識到每樣東西都有自己的名稱。他的學習是透過一而再、再而三的重複。

有一點也很重要，孩子從小就請以一般正常的方式與他說話，

162

別以孩子年幼為藉口而使用簡化的語句。

孩子 <u>12 個月大左右</u>，通常會有意識地說出第一個字詞。這時候，鼓勵他的成長進步是很重要的，同時，請盡可能多與他說話、無話不談。

你也可以運用圖畫書、歌曲、童謠來發展孩子的語彙。最好從他喜愛的主題開始著手：動物和動物叫聲、食物、身體部位、交通工具等，同時還可以使用字母書。

請避免總是預先揣測孩子想要什麼。這樣他會需要開口溝通，提出自己想要什麼。拿給他想要的東西之前，請讓他先說出物品名稱（不過，也別拖太久時間）。

唸出物品名稱時，請盡量正確精準，避免使用統稱（譬如，稱呼橡樹，而非樹）。大人愈早提供孩子正確的字詞，孩子未來運用字詞會更容易、表達能力更好。

孩子 <u>12 至 18 個月大時</u>，最好能夠複述他說的話，例如，他說牛奶時，跟著他說：「對，這是牛奶！」這樣是向他表示，你能理解他對你說的話。同時，他也會意識到你很重視他說的話，他的努力溝通是有效的。

此外，你也可以補充他說的話。例如，如果他說：「蘋果」，可以對他說：「這是一顆香甜的蘋果。」如果他說：「香甜的蘋果」，你可以補充道：「對，你正在吃一顆香甜的蘋果。」

孩子 <u>18 至 24 個月大時</u>，請繼續用較長的句子來補充孩子的字詞。

　　要吸引孩子注意，可在家中或外出散步時，把附近看到的東西唸出名稱。還有，孩子感興趣盯著看的東西，也請唸出名稱；當他重複唸出該字詞時，予以口頭稱讚。不過，千萬別以強迫的方式要求他重複唸出。

　　孩子 2 至 3 歲大時，務必要向孩子表現出我們對他說的話感興趣，並且持續重述和補充他所說的話，提供他語句範例。

　　與他說話，能夠幫助他建構語彙、理解周遭事物的角色和整理腦中對於世界的認識：例如，拿一把牙刷給他看，然後告訴他：「這是牙刷，你用牙刷來刷牙。」

　　這段期間，圖畫書在孩子的語彙發展過程中，一直扮演十分重要的角色。

　　孩子自 2 歲起，同時進入良好行為敏感期。因此，請好好教導孩子說「請」、「謝謝」、「對不起」等。別讓他只是傻傻重述，請親身示範給孩子看。

　　在蒙特梭利學校，這稱之為「優雅與禮儀的練習」，我們會利用多重機會場合進行練習，因為知道這個年紀的孩子會為自己的社交表現良好而感到自豪。

　　譬如，我們邀請大人前來參觀教室時，孩子們需要開口作自我介紹：「您好，我叫……」

　　此外，我們提供孩子一個可為同學們準備小「點心」的空間，並藉此機會強調「請」、「我不用，謝謝」、「好，非常謝謝你」等用語。

發展語彙的活動

從 1 歲起

語文遊戲 ❶

實物籃

教具

・建立物品配對組合,如水果、蔬菜、廚房用具、貝殼等
・每類物品 4 或 5 對
・籃子或托盤 1 個

示範

・邀請孩子:「今天我們來學新東西:擀麵棍,你喜歡擀麵棍嗎?」
・拿起籃中一項擀麵棍,摸摸它、聞聞它,然後把它拿給孩子。
・問他是否能在籃中找到相同用具。
・把配成對的用具放在地墊或桌上。
・以同樣方式繼續進行其他用具的配對。

165

· 全部完成之後，再拿一項用具，說出名稱，然後把它放回籃子。
· 問孩子是否看到相同的用具、是否也能把它放入籃子（你可以趁機描述蔬菜的模樣）。
· 其他成對用具也以同樣方式繼續進行。

Tips

〔**變化版（他日進行）**〕
· 取一項蔬菜。
· 拿在手上時，說出蔬菜的名稱。
· 把蔬菜放在地墊上。
· 其他蔬菜也這樣做。
· 問孩子是否能夠找到首次拿取的相同蔬菜。
· 以同樣方式繼續進行。
· 拿起籃中一項蔬菜，問孩子是否能在地墊上找到相同的蔬菜。
· 最後，請孩子拿一項蔬菜放入籃中。
· 當他放入籃中時，說出蔬菜的名稱。

〔**目的**〕
· 發展語彙。
· 透過觸覺辨識物品。

提醒
別用問題測試孩子的認識情形。在這個年齡，孩子的學習方式是自然吸收，而非透過強記或重複資訊。

語文遊戲 ❷

模型籃

教具

· 成對小模型,如動物、交通
  工具等
· 盒子、籃子或托盤 1 個

示範

· 拿一個動物。
· 把它拿給孩子觸摸。
· 請他從籃中選出相同的動物。
· 把他選出的動物放在地墊上
  第一個動物模型的左邊。
· 其他模型也這樣做。

· 所有模型都放到地墊上之後,
  請孩子選一個動物放回籃子
  裡。
· 所有動物都以同樣方式繼續
  進行。

Tips

〔變化版(他日進行或接續
進行)〕

· 拿一個動物,說出名稱,
  把它放在地墊上。
· 其他動物也這樣做。
· 進行三階段教學法的第
  二階段(見第 174 頁),
  只請孩子指出馬或狗,
  但不必延伸到詢問他動
  物名稱,目前他還年紀
  太小。
· 結束之後,請孩子把動
  物模型一一整理好。

〔目的〕
· 發展語彙。
· 意識到現實可以用物品
  表現,物品是現實的替
  代品。

PART **7**

語文

語文遊戲 ❸

物品和對應圖卡籃

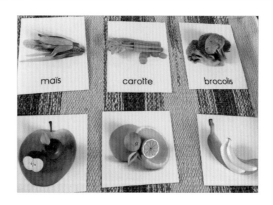

教具

- 物品和對應同一物品的圖卡
- 籃子、盒子或托盤 1 個

Tips

〔目的〕
- 發展語彙。
- 讓孩子意識到現實可以用圖案表現。

示範

- 從籃子取出一個物品。
- 說出物品的名稱，在孩子面前把它放在地墊上。
- 其他物品也這樣做，從左到右排列在地墊上。
- 拿一個圖案，告訴孩子：「這個圖案是蘋果。」
- 把圖案放在地墊上，拿起對應的物品。
- 把物品放在圖案上。
- 其他動物也這樣做。

約 12 至 14 個月大

語文遊戲 ❹

配對圖卡籃

教具

· 已分類的配對圖卡（一開始先使用 3 或 4 對）。請建立多樣主題
  的圖卡：家畜、野生動物、農場動物、校園元素、家具、顏色、
  運輸工具種類、知名藝術家的畫作等
· 托盤或盒子 1 個

示範

· 請孩子與你一同作業。
· 從盒子取出圖卡，在孩子面前把它們從左到右放在地墊上，同時
  說出物品的名稱。
· 拿一張圖卡，把它放在地墊上方，唸出所繪製的物品名稱，譬如說：
  「這是紅蘿蔔。」

· 問孩子是否能夠找到相同的圖卡：「你可以找到另一個紅蘿蔔的圖案嗎？」
· 當他找到時，向他說：「你找到了紅蘿蔔的圖案。」然後把圖卡放在前一張右邊。
· 所有配對圖卡都以同樣方式繼續進行。

Tips

〔目的〕
· 發展語彙。
· 讓孩子意識到現實可以用圖案表現。

14 至 16 個月大

語文遊戲 ❺

介紹藝術家來發展語彙

教具

- 藝術家圖卡 1 套
- 圖卡盒 1 個
- 地墊或符合孩子身高的桌子 1 個

圖卡 1 套必須包含藝術家圖卡 1 張與其作品圖卡 5 張。例如，你可以介紹梵谷（Vincent van Gogh）和沃荷（Andy Warhol）。這項教具很容易製作，圖案皆可取自網路。

示範

- 邀請孩子與你一同進行。
- 把圖卡拿到地墊或桌上，請坐在孩子身旁。

- 介紹梵谷圖卡。一邊拿圖卡給孩子看，一邊告訴他：「這位是文森・梵谷。」然後把圖卡放在地墊左上方。
- 展示第一張梵谷作品的圖像給孩子看，如《向日葵》畫作，然後說：「梵谷畫了這幅畫，叫做《向日葵》。」
- 以同樣方式介紹梵谷的其他畫作。
- 現在介紹沃荷和他的作品。把沃荷的圖像放在梵谷右側的地墊上方。你可以指出他們兩人的技巧和畫風截然不同。再繼續將沃荷的作品放在肖像下方。
- 如果孩子仍感興趣，把圖卡混合之後再重新開始；若無興趣，把圖卡整理收好。

Tips

〔變化版（稍後進行）〕

　　如果重做這項練習，可以把梵谷和沃荷的圖卡放在地墊上方。

　　然後說：「我要找一幅梵谷的畫……」留一點時間讓孩子尋找。若是他找不到，就說：「這幅是《向日葵》畫作。」如果他一直很有興趣，就讓孩子自己來找畫作。

〔目的〕

- 唸出東西的名稱，藉以發展孩子的語彙。
- 將藝術家的名字與其作品相連結。
- 介紹藝術家與其作品名稱，再結合視覺效果的語文運用，這是一個在背景脈絡下介紹新語彙的絕佳方法。

三階段教學法

　　蒙特梭利教育中，全新語彙的學習方法是採用所謂的「三階段教學法」。這是我們個別指導孩子的教學法；其他人可以聆聽，但無權介入。

　　父母可以用這個方式來教導孩子，即使小小孩也完全適用。如果是幼兒，只要進行教學法的第一和第二階段就很不錯；3 歲以上的孩子，則可進行完整的教學法（在孩子專注力允許的情況下）。

　　針對幼兒，這個教學法可以配合動物、家具模型、花、顏色、汽車品牌、動物拼圖片來進行。

第 1 階段

用精確詞彙來介紹要教的概念，使名稱與感官知覺相連結。

　　首先，教學者應不添加任何詞語，只唸出重點名稱。請以清楚的聲調逐字唸出來，讓孩子能夠清晰聽見構成字詞的聲音。例如，大人讓孩子摸牛和豬，一邊說：「一頭牛！」、「一隻豬！」請以清楚的聲調重複字詞多次，每個音節分開唸：「牛、牛」、「豬、豬」。若是數字，請咬字清晰地說：「這是四、四」、「這是五、五」等。

　　由於這個三階段教學法必須誘導孩子將名稱與物品、或名稱與所代表的抽象概念相連結，物品和名稱應只用於強化孩子的意識；因此，避免使用其他任何字詞有其必要。

第 2 階段

區辨出對應字詞的物品。教學者必須不斷證明他的教學法達成目的。

第一個證據在於觀察到孩子有意識地將名稱與物品相連結。在教學法的第一與第二階段之間,這會需要經歷一些時間,保留一段靜默期。然後,教學者清楚唸出唯一教過的名稱,慢慢請孩子動作:「把牛指給我看、把牛指給我看」,孩子將會用手指出物品。這樣的話,教學者就能知道孩子是否已經記住連結。

第二階段是最重要的;它是教學法的真正核心所在,協助孩子進行記憶與連結。當教學者觀察到孩子已經理解,而且感到興趣,他可以重複問題多次,必要時可以採用不同的問法:「拿牛給我」、「請把豬拿出來」、「把牛藏起來」等。

透過多次重複詢問,孩子最後會記住大人強調的字詞。每次重複時,孩子會指出物品回答,再次強化正在記入腦中的連結。不過,如果大人發覺孩子未能用心、沒有努力正確回答、弄錯卻不修正或不願繼續,大人應暫停教學法,另擇時間或他日重新開始。

第 3 階段

　　記得對應物品的名稱。第三階段是先前進行之教學法的快速檢驗。教學者詢問孩子（請把教具各項分開處理，也就是說，一次只拿一樣物品給孩子看）：「這是什麼？」如果孩子已經記住語彙，他會答出預期的字詞：「牛」、「豬」。

總結

　　為教學法做總結是很重要的：「今天，我們學了『牛』，」這時候大人摸牛，「還有『豬』。」這時候大人摸豬。

Tips

　　運用三階段教學法來教導各個顏色名稱「紅色」、「黃色」、「藍色」。

　　孩子約 2 歲左右就可以教他顏色。請在孩子面前拿出三片色板（或三台外型相同的車子），然後說：「今天我們來學習三種顏色的名稱。」

● 第一階段：把每片色板展示給孩子看：「這是紅色、紅色！」、「這是黃色、黃色！」、「這是藍色、藍色！」

● 第二階段：展示所有色板，同時說：「把紅色指給我看」、「把黃色指給我看」、「把藍色指給我看」。重混色板之後，再詢問相同問題，如此重複多次。

● 第三階段：收回三片色板，再放一片在孩子面前，向他問道：「這是什麼？」收回再放另一片：「這是什麼？」收回再放最後一片：「這是什麼？」

Tips

　　如果孩子答對了，把三片色板重新放在孩子面前，總結說道：
「今天你學了『紅色』（指向紅色）、『黃色』（指向黃色）和
『藍色』（指向藍色）。」

　　要繼續教導孩子另外三個顏色之前（他日進行），請先確認
孩子記得前三個顏色。如果他只記得兩個，請重取他未記住的顏
色，再加入兩個新顏色。

　　通常，介紹物品、字母、數字、顏色時，採一次三個的方式。
若是幼兒或有某些有困難（閱讀障礙、算術障礙、其他原因的學
習障礙）的孩子，可以一次只介紹兩個物品。

第二語言的學習

第二語言的學習也是有助於發展孩子自信的重要學習項目。實際上,能夠用多種語言溝通的人擁有更便利的生活。

這項新能力會讓孩子接觸到不同的聲音,開啟對於另一世界、文化和思考方式的認識,從而拓展他的視野,為孩子的自信奠定基礎。

此外,發展出能與最多人溝通的外語能力,的確是一項優勢,有助於增強信心。

幼兒大腦的設計確實適合這項學習,因為 0 至 6 歲期間恰好是學習第二語言的黃金期。

再次強調,由於孩子正處於語言敏感期,對於接觸到的相關一切都很感興趣,所以不同於其他時期,他能輕而易舉地吸收新東西。

第二語言的學習方法

理想情況當然是孩子自出生起就接觸第二語言,尤其是父母其中之一會説外語的情形。不過,如果外語並非父母的母語,對於大人來説也許相當棘手且倍感挫折,因為此時可能缺乏足以向孩子表達情感和傳達想法的語彙。

　　然而，即使父母不會說第二語言，仍然可能在家展開學習。

　　透過歌曲、童謠、電影、有聲書，都是讓孩子聆聽接觸一個語言的絕佳方法。

　　當然，這項學習需要經過規劃，準備適當的環境。

　　大人可以選定主題：顏色、動物、家人、幾何圖形、服裝、身體部位、交通工具、居家組成、運動、數字、職業等。針對每個主題，仔細尋找相關的歌曲、童謠、圖畫書、藝術活動、科學體驗，這樣就能在每個主題上著墨一段時間。

　　即使大人的腔調不道地也無妨，孩子聽見另一個語言，意識到字詞能以不同方式說出，有人說著不一樣的話，就會因此產生興趣。再者，幼兒沒有任何語言情結，覺得重複別人的話很好玩，從中能學到不少語彙。

　　之後，孩子較大時，學習內容可以擴及使用該語言的國家，讓孩子探索異國萬象。這會為他開展新的視野，幫助他更容易適應世界，因此更有自信。

　　同時，亦可尋覓外語托育機構或孩童照顧者。若是這種情形，最好孩子可以完全沉浸在外語環境，也就是說，請幼兒配合機構需求和例行日程時，只用另一語言與他說話，這樣更有助於他的學習。

在蒙特梭利教室裡，透過所有的知覺感官教具、詞彙圖卡和科學教具，孩子的語彙會隨著與大人的互動或前面提及的三階段教學法而大幅發展。這種運作模式也適用於第二語言的學習。

最好的方式是，每天有半日課程保留給第二語言為母語的老師來進行。同一環境內，不宜有兩位不同語言的老師在場。因為那樣的話，孩子會傾向去找理解他且他能理解的人。

筆記

結語

愈來愈多人了解到，讓我們的世界進展成為和平世界的唯一方法是教育，這包括父母給予的教育，以及在托嬰中心、幼兒園和學校裡大人提供的教育。

大多數的父母希望透過教育給予孩子最好的，所以會像許多教師一樣，致力尋找不同的教學法。

如果希望今日的孩子能夠成為幸福的大人，發展出美好的特質，絕對需要他在人生路途上遇見的大人竭盡所能，協助他獲得對於未來極度重要的特質：自信，它與自主、創造力和發展良好的語彙能力息息相關。

我在本書中談論的一切都可以為孩子安排。最後，我想呼籲最重要的一點：愛！

任何孩子感受到父母和所有照顧者的愛，都能安穩和諧、充滿自信地成長發展。要讓孩子在自我建構時能有信心，對自己、對大人、對成長其中的世界有信心，愛的感受是完全不可或缺的。給予孩子的愛永不嫌多。

不過，要保持警惕的是，愛並非意味著支配控制、焦慮不安和封閉。務必要耐住過度保護的自然本能，別阻擋孩子「用自己的翅膀飛翔」！

50個居家親子蒙特梭利遊戲
玩出孩子的好品格×競爭力

作　　　者/希樂薇‧德絲克萊博（Sylvie d'Esclaibes）
譯　　　者/賴姵瑜
主　　　編/陳雯琪
選　　　書/陳雯琪

行 銷 經 理/王維君
業 務 經 理/羅越華
總 編 輯/林小鈴
發 行 人/何飛鵬
出　　　版/新手父母出版
　　　　　城邦文化事業股份有限公司
　　　　　台北市民生東路二段141號8樓
　　　　　電話：（02）2500-7008　傳真：（02）2502-7676
　　　　　E-mail：bwp.service@cite.com.tw
發　　　行/英屬蓋曼群島商家庭傳媒股份有限公司城邦分公司
　　　　　台北市中山區民生東路二段141號11樓
　　　　　書虫客服服務專線：02-25007718；25007719
　　　　　24小時傳真專線：02-25001990；25001991
　　　　　讀者服務信箱 E-mail：service@readingclub.com.tw
劃 撥 帳 號/19863813；戶名：書虫股份有限公司

香 港 發 行/城邦（香港）出版集團有限公司
　　　　　香港灣仔駱克道193號東超商業中心1樓
　　　　　電話：(852)2508-6231　傳真：(852)2578-9337
　　　　　電郵：hkcite@biznetvigator.com
馬新發行/城邦（馬新）出版集團 Cite(M) Sdn. Bhd. (458372 U)
　　　　　11, Jalan 30D/146, Desa Tasik,
　　　　　Sungai Besi, 57000 Kuala Lumpur, Malaysia.
　　　　　電話：(603) 90563833　傳真：(603) 90562833

封面、版面設計/徐思文
內頁排版/陳喬尹
製版印刷/卡樂彩色製版印刷有限公司
初版一刷/2019年4月09日
初版2.3刷/2020年9月15日
定　　　價/450元

I S B N　978-986-5752-79-8
有著作權‧翻印必究（缺頁或破損請寄回更換）

DONNER CONFIANCE A SON ENFANT GRACE A LA METHODE MONTESSORI
By Sylvie d'Esclaibes
copyrights@2017 Leducs.s Editions
Original French language edition published by 2017 Leduc.s Editions
29 Boulevard Raspail, 75007 Paris - France
All rights revered. This translation published under license.
Complex Chinese translation copyright @2019
Chinese complex translation copyright © Parenting Source Press, a division of Cite Published Ldt.,2019

國家圖書館出版品預行編目資料

教出未來力：50個居家親子蒙特梭利遊戲，玩出孩子的好
品格x競爭力 / 希樂薇.德絲克萊博（Sylvie d'Esclaibes）
著；賴姵瑜譯. -- 初版. -- 臺北市：新手父母, 城邦文化出
版：家庭傳媒城邦分公司發行, 2019.04
面；　公分. --（好家教系列：SH0161）
譯自：Donner confiance a son enfant grace a Montessori

ISBN 978-986-5752-79-8（平裝）

1. 親職教育　2. 蒙特梭利教學法

528.2　　　　　　　　　　　　　　　　　108002377